Karl Alexander Leimbach

Untersuchungen über die verschiedenen Moralsysteme

Leimbach, Karl Alexander: Untersuchungen über die verschiedenen Moralsysteme, Hamburg, SEVERUS Verlag 2010.
Nachdruck der Originalausgabe, Fulda 1894.

ISBN: 978-3-942382-00-7
Druck: SEVERUS Verlag, Hamburg, 2010

Bibliografische Information der Deutschen Nationalbibliothek:
Die Deutsche Nationalbibliothek verzeichnet diese Publikation in der Deutschen Nationalbibliografie; detaillierte bibliografische Daten sind im Internet über http://dnb.d-nb.de abrufbar.

Die digitale Ausgabe (eBook-Ausgabe) dieses Titels trägt die ISBN 9783942382014 und kann über den Handel oder den Verlag bezogen werden.

SEVERUS Verlag

Inhalts-Verzeichnis.

Verzeichnis der benützten Schriften.

Aberle, Über den Aequiprobabilismus, Tüb. Theol. Quartalschrift, 1851.
Aertnys, Theologia Moralis, Tornaci 1886.
Opere di S. Alfonso M. de Liguori, Tor. 1880.
Antoine, Theologia moralis universalis, Passau 1766.
Ballerini, Opus theologicum morale in Busembaum medullam ed. Palmieri, Prati 1889 sq.
Billuart, Cursus theologicus, Wirceburgi 1758.
Bolgeni, Untersuchungen über den Besitz als Fundamentalprincip für Entscheidung von Fällen aus dem Gebiete der Moral. Aus dem Ital. Regensburg 1857.
Bouquillon, Institutiones moral. fundamental., Ratisbonae 1890.
Caramuel, Theologia mor. fund., Francofurti 1652.
Cathrein, Moralphilosophie, 2 Bde., Freiburg 1890/91.
Concina, Theologia christiana dogm.-mor., Augustae Vindel. 1762.
Denzinger, Enchiridion Symbolorum et Definitionum, Wirceburgi 1856.
Dilgskron, Leben des hl. Bischofs und Kirchenlehrers Alphons M. de Liguori. Regensburg 1887.
Döllinger-Reusch, Geschichte der Moralstreitigkeiten in der kath. Kirche seit dem 16. Jahrhundert, 2 Bde., Nördlingen 1889.
Duarte, Brevis expositio propositionum damnatarum, Venetiis 1762.
Duhr, Jesuiten-Fabeln, Freiburg 1891/92.
Van Endert, De opinionis probabilis usu ad efformandum conscientiae dictamen, Coloniae 1860.
Friedhoff, De sententiae probabilis ad efformandam conscientiam certam vi et efficacia, Monasterii Guestphal.
Fuchs, Institutiones theol. mor., Aug. Vind. 1848.
Gass, Geschichte der christlichen Ethik, 2 Bde., Berlin 1881/87.
Glossner, Von der Norm der menschl. Handlungen im Wettstreit der Meinungen, Der kath. Seelsorger, Jahrgang 1889.
Göpfert, Der Eid, Mainz 1883.
Gonzalez, Tractatus theol. de recto usu opinionum probabilium, Colon. 1694.
Gury, Compendium theol. mor., ed. 4. Ratisbonae 1868.
Gutberlet, Lehrbuch der Philosophie. Die Psychologie, 2. Aufl., Münster 1890.
" " " " Logik und Erkenntnisstheorie, 2. Aufl., Münster 1892.
Hurter, Nomenclator literarius recent. theol. cath., Oeniponte 1871 s.

Katholik, Jahrgang 1874. Bd. I. Über Probabilismus und probabilistische Systeme
„ Jahrgang 1893. Bd II. Huppert, Der Probabilismus.
„ Jahrgang 1894. Bd. I. Probabilismus und Aequiprobabilismus
„ Jahrgang 1894. Bd. I. Aertnys, Beiträge zur Rechtfertigung des Aequiprobabilismus.
Kleutgen, Die Theologie der Vorzeit, Münster 1860.
Laymann, Theol. mor. absolutissimum compendium, Aug. Vind. 1762.
Lehmkuhl, Theologia moralis ed. 7. Friburgi 1890.
Linsenmann, Lehrbuch der Moraltheologie, Freiburg 1878.
„ „ Untersuchungen über die Lehre von Gesetz und Freiheit. Tüb. theol. Quartalsch. 1870/1871.
Ludwigs, Zur Frage über das Moralsystem, Innsbrucker Zeitschr. f kath. Theol. Jahrg. 1878/1879.
Lugo, De virtute fidei divinae, Lugduni 1646.
Marc, Institutiones Mor. Alphonsianae, ed. 2. Romae 1886.
Medina, Expositio in 1. 2. Angelici Doctoris d. Thomae Aq., Venetiis 1680.
Meyer, Institutiones juris naturalis, Friburgi 1885.
Montalti (Pascal), Litterae provinciales a Wilh. Wendrockio e gallic. in latin. translatae, Lausannae 1775.
Müllendorf, Über Probabilismus im Fall eines wahrscheinlich erfüllten Gesetzes, Theol. prakt. Quartalschr. Linz 1883.
Natalis Alex., Theologia dogm. — moralis. Einsied. 1771.
Paulsen, System der Ethik, Berlin 1889.
Pesch, Institutiones Logicales, Friburgi 1888 s.
Pithanophilus, Probabilismus methodo mathematica demonstratus, Lugduni 1747.
Pruner, Lehrbuch der kath. Moraltheologie, Freiburg 1875.
Rappenhöner, Allgemeine Moraltheologie, Münster 1891.
Scheeben, Die neuere Literatur der Moraltheologie. Lit. Handweiser 1867.
Al. Schmid, Erkenntnisslehre, 2 Bde. Freiburg 1890.
Shguanin, Anatomia Probabilismi, Colon. 1729.
Simar, Lehrbuch der Moraltheologie, 3. Aufl. Freiburg 1893.
Suarez, Opera omnia, 26 Bde., Paris 1856.
S. Thomas Aquin., Summa theologica, Regensb. 1876.
„ „ Quaestiones disputatae cum quodlibetis. 2 Bde., Parma 1856/59.
Vindiciae Alphonsianae, ed. 2. Bruxellis 1874.
Vindiciae Ballerinianae, Brugis 1873.
Waffelaert, De dubio solvendo in re morali, Lovanii 1880.
Theologia Wirceburgensis, Tom. V. Paris 1879.

Einleitung.

Wenn man das weite Gebiet der Gesetze überschaut, welche Gott entweder unmittelbar oder durch die von ihm geordnete Autorität gegeben hat, so möchte es den Anschein gewinnen, als ob der Mensch derart von Vorschriften umgeben sei, dass niemals ein Zweifel über die Erlaubtheit oder Nichterlaubtheit einer Handlung an ihn herantreten könne. Und doch lehrt ein Blick, ich will nicht sagen, in die Werke der Moraltheologie, sondern in das eigene und fremde Leben, dass durchaus nicht alles durch das Gesetz seine feste Norm erhalten hat, dass einerseits viele Handlungen der freien Wahl der Menschen anheimgegeben sind, andererseits viele Gesetze der Klarheit für den Menschen entbehren, dass der Zweifel sich oft regt, ob das Gesetz verpflichte oder nicht, ob seine Verpflichtung leicht oder schwer sei.

Gewiss hat der Mensch die Pflicht, die Lösung des Zweifels zu versuchen. Aber zu oft ist sein ernstliches Bemühen nicht mit Erfolg gekrönt. Freilich vermag die Wissenschaft, besonders da die Sonne des Glaubens ihre Pfade erhellt, in viele Fragen Licht und Gewissheit zu bringen. Doch nur zu oft gehorcht der untersuchende Verstand der Stimme der Neigung. Es ist eine unbestreitbare Thatsache, dass es recht viele Zweifelsfälle giebt.

Auf der andern Seite aber steht jener unzerstörbare Grundsatz: Mit einem praktischen Zweifel darf man niemals handeln. Man muss sich über die Erlaubtheit seiner Handlung vollkommen praktisch gewiss sein, bevor es gestattet ist, dieselbe zu setzen. Daraus folgt, dass es eine feste Richtschnur und Regel geben muss, mit deren Hilfe man in Zweifelsfällen sich ein sicheres Gewissen zu bilden vermag.

Wer dies leugnet, muss behaupten, wir seien oft in die Notwendigkeit versetzt, mit zweifelndem Gewissen zu handeln, also zu sündigen. Dieses ist aber offenbar nicht möglich. Geheimnisse können wir in der Moral auch nicht zulassen, „weil diejenigen Grundsätze, welche den Menschen dahin führen sollen, das Erlaubte vom Unerlaubten zu unterscheiden, allen bekannt und allen verständlich sein müssen.“ (Bolgeni, Über den Besitz als Fundamentalprincip für Entscheidungen aus dem Gebiete der Moral. S. 276).

Deshalb muss es einen Weg geben, auf welchem wir aus dem Zweifel zur moralischen Überzeugung und Gewissheit gelangen.

Solcher Wege sind nun verschiedene vorgeschlagen und mit grösserer oder geringerer Heftigkeit als die sicher zum Ziele führenden verteidigt worden. Man hat ihnen den Namen Moralsysteme gegeben. Der absolute und gemässigte Tutiorismus, der Probabiliorismus und Äquiprobabilismus, der wahre und falsche Probabilismus, die aus den genannten gemischten Systeme und das der Pflichtenkollision ringen mit einander um die Palme. Sie alle bieten sich an, die Führer des Menschen in seinen Zweifeln zu werden, sie alle versprechen ihm, die Wahrheit zu geben. Es soll nun die Aufgabe vorliegender Untersuchung sein, dieselben zu prüfen und aus ihnen dasjenige auszuwählen, welches sich als theoretisch wahr und praktisch verwendbar erweist. Es gilt die Regel zu finden, durch welche wir aus dem Zweifel zur praktischen Sicherheit des Gewissens gelangen.

Bevor wir nun an die Lösung dieser Fragen herantreten, ist es notwendig, einen sicheren Boden zu gewinnen durch die Darlegung jener Begriffe, mit welchen wir hier operieren. Welches diese aber seien, wird sich leicht ergeben, wenn wir das Verhältnis des Verstandes zur Wahrheit betrachten. Darum ist dies unsere nächste Aufgabe.

Erster Teil.

Entwickelung und Darlegung der zur Untersuchung notwendigen Begriffe.

§ 1. Das Verhältnis des Verstandes zur Wahrheit.

Die logische Wahrheit, von welcher wir hier reden, ist die Übereinstimmung der Erkenntnis mit ihrem Gegenstand (adaequatio intellectus cum re). Diese Übereinstimmung ist aber nicht so zu verstehen, als ob Sein und Denken identisch wäre, wie es die Idealisten behaupten.

Die Wahrheit der Erkenntnis ist dann vorhanden, wenn sie das Objekt in geistiger Weise wirklich darstellt. Es wird dabei nicht gefordert, dass der Gegenstand in allem, was an ihm erkennbar ist, zum geistigen Ausdruck kommt, sondern nur das unter einer bestimmten Rücksicht erfasste Objekt. Damit ist nicht geleugnet, dass die Wahrheit um so grösser ist, je mehr Beziehungen des Gegenstandes erfasst werden, je individueller das geistige Bild wird, je grösser die Konformität des Verstandes mit der erkannten Sache sich darstellt. —

Der Verstand besitzt dann die Wahrheit, wenn diese Übereinstimmung von ihm erfasst ist. Dazu ist es nötig, zwischen Erkenntnis und Objekt einen Vergleich anzustellen. Dies geschieht aber in jener Thätigkeit des Verstandes, in welcher er seiner geistigen Wahrnehmung und „Empfängnis" (conceptus) bewusst geworden auf diese und auf das sie erzeugende Objekt reflektiert, d. h. im Urteil. Daraus folgt, dass die logische Wahrheit im Urteil gewonnen wird. Wenn man auch Begriffe wahr und falsch nennt, z. B. sagt: „einen wahren, falschen Begriff von Ehre haben," so heisst das nichts anderes als richtig, verkehrt über dieselbe urteilen. Bei dieser Vergleichung und Gegenüberstellung der Idee und des Objektes kann sich nun dem Verstand die Konformität und Übereinstimmung mit solcher Notwendigkeit, Klarheit und Macht aufdrängen, dass er sie behaupten muss, ohne zu schwanken oder zu fürchten, ohne das Gegenteil auch für möglich zu halten — der Verstand ist im Zustande der Gewissheit.

Oder aber diese Übereinstimmung stellt sich nicht so hell und notwendig und zwingend dar, der Geist ist im Zustande der Nichtgewissheit, und hier sind wieder zwei wesentlich verschiedene Zustände zu erwähnen.

Der Verstand kann der einen Seite die Zustimmung geben, ohne die Möglichkeit der entgegengesetzten auszuschliessen — er ist im Zustande der Meinung — oder er schwankt unentschieden nach beiden Seiten hin, ohne sich entscheiden zu können, ohne zu einem Urteil zu gelangen — er ist im Zustande des Zweifels. Zwischen beiden liegt die Vermutung, in welcher unbedeutende Gründe zu einem Urteil geneigt machen wollen, ohne dass dieses gefällt wird. — Damit haben wir die Begriffe gewonnen, deren ausführliche Darlegung zur Erledigung der Aufgabe nicht blos von Wert, sondern von unbedingter Notwendigkeit ist.

Gehen wir sofort daran den Zustand der Gewissheit zu zeichnen.

§ 2. Die Gewissheit.

Das Merkmal, welches nach dem Zeugnis der Erfahrung zunächst in diesem Begriffe liegt, ist die Festigkeit und Bestimmtheit. So sprechen wir von einem gewissen, sichern Freundschaftsbunde, und verstehen darunter jenen, der im Glück und Unglück seine Festigkeit bewahrt, in den Wechseln des Schicksals sich nicht auflöst. So nennen wir einen Willensentschluss sicher und gewiss und drücken damit aus, dass er seine Entschiedenheit nicht verlieren wird. Wenn wir demnach von der Gewissheit als einem Zustande des Verstandes sprechen, von welchem es seiner Etymologie nach (Gewissheit von wissen) zunächst und eigentlich gebraucht wird, muss es in analoger Weise soviel bedeuten, dass derselbe fest, unbeweglich, ohne Unruhe, Schwanken und Furcht das ihm eigentümliche Objekt, die Wahrheit umfasst. Danach ist die Gewissheit mit dem hl. Thomas sofort zu definieren als determinatio intellectus ad unum (3. dist. 23. q. 3. a. 2.), als firmitas adhaesionis virtutis cognoscitivae in suum cognoscibile (3. dist. 26. q. 2. a. 4.). Nun kann sich aber der Verstand nicht selbst bestimmen, sondern bedarf zu seiner Anregung der Motive. Wie der Wille nichts begehren kann, was ihm in keiner Weise als Gut entgegentritt, so ist es auch dem Verstande nicht möglich, einem Satz, der ihm in keiner Weise als wahr erscheint, d. h. der keine Gründe für sich hat, die Zustimmung zu geben.

Also dürfen wir die Begriffsbestimmungen des englischen Lehrers weiter auslegen und sagen: die Gewissheit ist jener Zustand des Verstandes, in welchem derselbe der einen Seite eines Contradiktorium fest und entschieden anhangt wegen der determinierenden Motive, die jede Furcht, das Gegenteil möge wahr sein, ausschliessen.

Wir nennen die Gewissheit einen Zustand. Als Akt lässt sie sich dem Sprachgebrauche nach wohl nicht bezeichnen, wenn man nicht die thatsächliche Zustimmung darunter verstehen will, aus welcher der Zustand erst folgt. Dieser muss näher bezeichnet werden als die Ruhe des Geistes, der sein Formalobjekt, die Wahrheit besitzt, wie jede Fähigkeit zur Ruhe kommt, wenn sie ihr Ziel erreicht hat, wie auch der Wille ruht, wenn er das Gute gefunden hat. Deshalb sprechen wir von einer requies aeterna des Himmels, wo unser Verstand die Wahrheit in ewigem Schauen besitzt, unser Wille mit dem höchsten Gute, dem Inbegriff aller Güter in ewigem Genusse vereinigt ist. Nur ist hier wie dort das Missverständnis fernzuhalten, als ob diese Ruhe ein Zustand unfruchtbarer Unthätigkeit und Trägheit sei. Da die Quellen der Erkenntnis nie versiegen, sondern immer fliessen, da immer neue Seiten der Wahrheit dem Geiste sich offenbaren, so nimmt der Verstand stets neue Objekte der Wahrheit in Besitz, in denen er ruht. Es wurde schon bemerkt, dass nicht in der Begriffsbildung die Wahrheit erlangt wird, sondern erst im Urteil. Deshalb werden wir genauer sagen, dass die Gewissheit ein Zustand des urteilenden Verstandes ist, in welchem er einer erkannten Sache feste Zustimmung leistet. Aber ist diese Zustimmung nicht ein Akt des Willens, wie die Cartesianer es behaupten? — Keineswegs; Formalobject des Willens ist das Gute und das Wahre nur insofern, als es die ratio boni hat. Die Zustimmung aber geht auf das Wahre, nicht um es zu wollen, in seinem Besitz sich zu erfreuen, sondern um es anzuerkennen. Damit wird der Einfluss, den der Wille darauf ausübt, dass der Verstand jene Thätigkeit der Zustimmung entfalte, durchaus nicht geleugnet.

Der Assensus schliesst Unruhe und Schwanken aus und das

Urteil ein, dass die Sache sich so verhalte, sich nicht anders verhalten könne, dass sie notwendig so sei, wie wir sie erkennen.

Ist blos das negative Moment, der Ausschluss, die thatsächliche Abwesenheit der Furcht gegeben, das Urteil über die notwendige Wahrheit der Erkenntnis aber nicht vorhanden, so ist die Festigkeit eine subjektive, die eine wahre und eigentliche Gewissheit nicht erzeugen kann. Soll sie eine wirkliche, unerschütterliche sein, so ist es notwendig, dass ihr objektives Fundament das Urteil sei: die Sache ist so, wie man sie erkennt und kann nicht anders sein, als man urteilt.

Man darf hierbei nicht die Notwendigkeit des Urteils mit der seines Inhaltes verwechseln. Freilich ist alles, was ausser Gott existiert, zufällig und könnte auch nicht sein. Es hat keine innere absolute Notwendigkeit.

Aber wenn es ist, dann existiert es notwendig und seine Existenz muss behauptet werden. So ist das Urteil: es giebt eine Körperwelt, notwendig, weil sie thatsächlich existiert. Ihr Dasein ist freilich contingent, zufällig, aber wenn es realisiert ist, dann besitzt es eine thatsächliche Notwendigkeit. — (Diejenigen Urteile, welche zum Inhalt ein absolut Notwendiges haben, sind selbst absolut notwendig. Die anderen, deren Inhalt ein thatsächlich Notwendiges ist, sind hypothetisch notwendig.) — So löst sich auch der Einwand: man behaupte die Notwendigkeit einer Sache, deren Veränderlichkeit klar sei; man behaupte z. B. bei dem Anblick eines kugelförmigen Körpers, er habe diese Gestalt und es könne nicht anders sein, obwohl doch der Körper die ovale Gestalt erhalten könne. —

Man sagt, wenn man Gewissheit über die Kugelform hat, nichts anderes, als man urteile fest und entschieden, dass diese Gestalt da sei und keine andere da sein könne, als man erkennt.

Diese Notwendigkeit, wie wir sie jetzt näher gezeichnet und bestimmt haben, als die Notwendigkeit des Urteils oder die notwendige Wahrheit desselben, bewegt den Verstand zur festen Zustimmung. Man sieht aber leicht ein, dass sie dies erst kann, wenn sie sich kundthut, sich offenbart. Dies kann aber entweder unmittelbar oder mittelbar geschehen. Wie es Körper giebt, welche durch sich leuchten und in ihrem eigenen Lichte dem Auge sichtbar werden, so giebt es wieder andere, welche das Licht entlehnen müssen, um erkennbar zu sein. Dasselbe ist bei der Wahrheit der Fall.

Unmittelbar, in ihrem eigenen Lichte stellt sie sich dem Verstande dar, wenn die einfache Analyse und Betrachtung der Termini genügt, um die Übereinstimmung zu erkennen, das notwendige Urteil zu erzeugen, die feste Zustimmung zu bewirken. In diesem Fall hat man den Assensus visionis, der nur insofern frei ist, also dem Einflusse des Willens untersteht, als dieser von der Betrachtung der Begriffe zurückhalten kann. Wie aber das geöffnete normale Auge den Gegenstand, der in entsprechender Nähe und Beleuchtung sich ihm darbietet, notwendig sehen muss, so ist es dem Verstande nicht möglich, die Übereinstimmung zweier Begriffe, welche sich ihm durch einfache Auseinanderlegung ihrer Merkmale darbietet, nicht zu behaupten. Nehmen wir die beiden Begriffe Mensch und vernünftig, um sie auf ihre Übereinstimmung zu prüfen. Durch die Zerlegung des ersten in seine logischen Bestandteile, in seine Merkmale, erhalten wir Mensch = sinnlich — vernünftig. Und so müssen wir notwendig urteilen: der Mensch ist vernünftig und können diesem Urteil die feste Zustimmung nicht versagen.

Doch nicht immer thut sich die Wahrheit unmittelbar kund; oft wird sie auf dem Wege des Schlusses oder des äusseren Zeugnisses gewonnen. Im ersten Fall nehmen wir einen Begriff zu Hilfe, mit welchem wir jene vergleichen, deren Übereinstimmung oder Nichtübereinstimmung erkannt werden soll. Findet man nun, dass beide mit dem Mittelbegriff übereinstimmen, so sind sie selbst als übereinstimmend erwiesen und der Verstand muss diesem Urteil notwendig seine Zustimmung geben (P = M. Atqui M = Q. Ergo P = Q.) Hier haben wir den Assensus scientiae, der das Resultat eines Schlusses ist, aus dessen sicheren Prämissen mit Notwendigkeit die Konsequenz gezogen ist. „Quandoque intellectus determinatur ad hoc quod totaliter adhaereat uni parti, sed hoc est quandoque mediate, quandoque immediate. Immediate, quando ex ipsis intelligibilibus statim veritas propositionum intelligibilium infallibiliter apparet, et haec est dispositio intelligentis principia. Mediate vero, quando cognitis definitionibus terminorum intellectus determinatur ad alteram partem contradictionis virtute primorum principiorum et haec est dispositio scientis sc. conclusiones.“ S. Thom. quaest. disp. q. 14. de verit. a 1.

Fragen wir bei dem assensus scientiae nach dem Einflusse des Willens, so stellt er sich schon grösser dar, als bei den unmittelbaren (analytischen) Urteilen. Es ist die Vergleichung mit dem Mittelbegriff, die Aufstellung der Prämissen frei; der Wille kann den Verstand von der Betrachtung derselben zurückhalten. Ist diese aber erfolgt, dann ist die Konsequenz notwendig zu ziehen und nicht mehr der Macht des Willens unterworfen.

Es kann ferner der Verstand die Wahrheit durch Vermittlung eines anderen Geistes erhalten. In diesem Fall stützt sich die Zustimmung auf das Ansehen und die Wahrhaftigkeit des Zeugen, auf das Urteil, dass derselbe die Wahrheit sagen kann und will. Damit ist der assensus fidei gegeben, bei welchem der Wille, wie leicht begreiflich ist, einen grossen Einfluss geltend machen kann. —

Ist der unfehlbare Gott selbst Zeuge der Wahrheit, so ist es unmöglich die Zustimmung zu versagen, wenn es feststeht, dass er es ist. Da aber der Beweis der Thatsache, dass er gesprochen, sowie die Einsicht in den Inhalt der Offenbarung nicht evident ist, so ist der Glaubenszustimmung die Freiheit und damit die Verdienstlichkeit gewahrt. —

Die Festigkeit der Zustimmung gründet demnach, wie gezeigt, auf der Notwendigkeit und auf der Einsicht in dieselbe, auf der Klarheit, mit welcher sie sich darstellt, auf der einleuchtenden Notwendigkeit, auf der Evidenz (*ἐναργεία*), und diese ist damit als objektiver Grund aller Gewissheit erwiesen. Diese Entschiedenheit der Beistimmung hängt aber ausserdem noch ab von subjektiven Momenten, von dem Einflusse des Willens, der den Assensus gar oft zurückhalten, verhindern oder auch verstärken kann, je nachdem ihm die Wahrheit als Übel oder als Gut erscheint. Sie steht ebenfalls im Verhältnis zur geistigen Anlage des Erkennenden, der mehr oder weniger zur Erfassung der Wahrheit fähig oder hic et nunc disponiert d. h. aufmerksam ist.

Wie ein heftiger Eindruck, den ein Sinn empfängt, die Reaction desselben nicht bewirkt, wenn der Mensch in seiner geistigen oder sinnlichen Sphäre von einem andern Objekte gefesselt ist, so kann auch der Verstand die Wahrheit, welche sich mit Evidenz ihm darbietet, nicht erfassen, wenn er nicht aufmerkt, wenn er durch anderes abgezogen ist.

Wir haben bis jetzt die positive Seite der Gewissheit, die determinatio als firma adhaesio virtutis cognoscitivae, als unerschütterliche Festigkeit der Zustimmung betrachtet. Wir haben nun das negative Moment, den Ausschluss der Furcht, ins Auge zu fassen.

Die Furcht ist an sich dem Willen eigen und bezeichnet jenen Zustand, in welchem derselbe sich einem nur schwer abwendbaren, bevorstehenden, drohenden Übel gegenüber befindet. Wenn wir hier von der Furcht des Verstandes sprechen, so ist darunter jenes Urteil zu verstehen, dass ein Übel, in unserem Fall das des Intellekts, der Irrtum nämlich, zu fürchten sei, dass die Gefahr desselben vorliege. Im Verstand ist also die Furcht bloss der Ursache nach, formell und eigentlich im Willen. Wir sagen nun, dass sie im Zustande der Gewissheit ausgeschlossen sein müsse, und zwar wesentlich, per se, nicht bloss zufällig, per accidens. Wäre letzteres der Fall, so würde eine wahre Gewissheit nicht vorhanden sein. Zufällig aber ist die Furcht dann ausgeschlossen, wenn sie zwar auftaucht, aber durch den Willen, durch Neigung, Voreingenommenheit gewaltsam zurückgehalten wird, oder auch dann, wenn sie nicht auftaucht, aber nicht direkt oder reflex erkannt ist, dass kein Grund für sie vorhanden sei, wenn Mangel an Erkenntnisfähigkeit, Unachtsamkeit, Unterlassung der Prüfung, Trägheit in der Untersuchung sie nicht aufkommen lassen. Dass im ersten Fall eine wahre Gewissheit unmöglich sei, leuchtet ein. Aber auch im zweiten, des thatsächlichen Ausschlusses der Furcht oder besser gesagt der faktischen Abwesenheit derselben, dürfen wir dieselbe nicht zugeben. Es fehlt die feste Zustimmung des Verstandes zu dem Urteil, dass die Sache so sei und sich nicht anders verhalten könne.

Jahrhunderte lang hatte die Welt die Überzeugung, dass die Sonne sich um die Erde bewege, eine wahre Gewissheit aber hatte man nicht, weil man dem Augenschein zu sehr vertrauend die Prüfung und Untersuchung unterliess. Man hatte die Unmöglichkeit des Gegenteils weder direkt noch reflex erkannt. Die Furcht war per accidens ausgeschlossen, nicht per se. Aber erst, wenn letzteres der Fall ist, kann von einer wahren Festigkeit der Zustimmung und einer echten Gewissheit die Rede sein.

Die Darlegung über das Wesen der Gewissheit hat uns schon den Weg geebnet zur Untersuchung der Frage, ob dieselbe Grade zulasse. Es könnte scheinen, als sei dies nicht möglich. Denn der Ausschluss der Furcht lässt keine Grade zu. Entweder ist Furcht da, dann keine Gewissheit, oder sie ist nicht vorhanden, dann ist Gewissheit da.

Suarez zieht zur Beantwortung dieser Schwierigkeit die Analogie der Immateriellität, der Geistigkeit heran und führt aus, wie dieselbe als „privatio materiae“ zwar in allen gleich erscheine; damit aber sei der Begriff nicht erschöpft; in Bezug auf das positive Moment, die Geistigkeit, könne sie wohl mehr oder weniger vollkommen sein. So sei es auch bei der Gewissheit; der Ausschluss der Furcht lasse keine Grade zu, wohl aber die Festigkeit der Zustimmung. (Disp. 6. de fide sect. 5. § 8.).

Wir haben bereits gesehen, dass letztere abhängt von der Notwendigkeit und Klarheit, mit welcher dieselbe einleuchtet. Mit dem Grade der Klarheit aber nimmt die Macht, welche die notwendige Wahrheit auf den Geist ausübt, ab und zu. Nehmen wir noch hinzu, dass die Festigkeit bedingt ist durch den Willen, welcher für die Wahrheit ein grösseres oder geringeres Interesse haben kann, dass sie ferner von der Anlage und Aufmerksamkeit des Erkennenden abhängt, so ist die Möglichkeit und Thatsächlichkeit von Graden in der Gewissheit erwiesen. In Bezug auf die letzterwähnten Faktoren sagt S. Thomas: „Nihil prohibet id quod est certius secundum naturam esse quoad nos minus certum propter debilitatem intellectus nostri, qui se habet ad manifestissima naturae sicut oculus noctuae ad lumen solis.“ 1. q. 1. a. 5. ad 1.

Es ist klar, dass bei Berücksichtigung der subjektiven Factoren der Gewissheit sich zahllose Grade ergeben, je nachdem die Anlagen, Dispositionen und Willensrichtungen verschieden sind.

Nehmen wir aber die objektive Seite, die einleuchtende Notwendigkeit, zum Massstab, so ergeben sich drei, welche gerade so wie die Grade der Universalität eines Satzes als metaphysische, physische und moralische bezeichnet werden. Die metaphysische Gewissheit gründet auf den unwandelbaren, ausnahmslosen Gesetzen der metaphysischen Ordnung, auf der inneren Notwendigkeit, auf den Wesenheiten der Dinge selbst. Metaphysisch gewiss ist ein Satz, dessen Gegenteil unmöglich ist, weil es die metaphysischen Principien umstossen würde. Der Wille kann nur insofern die Zustimmung hindern, als er die Aufmerksamkeit des Verstandes ablenkt.

Hierher gehören die analytischen Wahrheiten, die obersten Principien, die man nicht leugnen, nicht bezweifeln, nicht beweisen kann, ohne ihre Wahrheit vorauszusetzen; ferner alle Lehrsätze der Mathematik. So kann z. B. der Satz von der Gleichheit der Radien nicht angezweifelt oder verneint werden, denn er folgt sofort aus der Definition des Kreises als des geometrischen Ortes für alle Punkte, die von einem gegebenen Punkte gleichen Abstand haben.

Dieser Abstand ist aber der Radius.

Die physische Gewissheit entnimmt ihr Motiv den Naturgesetzen, denen eine hypothetische, thatsächliche Notwendigkeit eignet, der Gesetzmässigkeit im Sein und Wirken der Natur, wie sie durch die Erfahrung verbürgt wird. Lugo unterscheidet die physische Evidenz und Gewissheit in eine vollkommene (evidentia, certitudo quidditativa) und eine unvollkommene, bei welcher ein unvernünftiger Zweifel möglich ist (evidentia, certitudo abstractiva). Vollkommene physische Gewissheit besitzt z. B. die Thatsache der eigenen Existenz, die unvollkommene ist z. B. da vorhanden, wo aus dem Klang, der Stärke einer Stimme auf eine bestimmte Person geschlossen wird. (De fide I. n. 118. II. n. 4)

Die moralische Gewissheit hat zu ihrem Motiv die moralische Ordnung, welche umgestossen würde, wenn das Gegenteil einträte. Da hier aber die menschliche Freiheit mit in Frage kommt, welche das Gesetz durchbrechen kann, so ist die moralische Gewissheit zwar eine wahre, bezeichnet aber gegenüber der metaphysischen und physischen einen niederen Grad.

Davon etwas verschieden ist die Einteilung, welche nach A. Schmid (Erkenntnislehre S. 311.) in neuerer Zeit vielfach angewendet wird, nämlich die in apriorische, empirisch-thatsächliche, und moralische Gewissheit. Erstere umfasst die unwandelbaren Wahrheiten der ontologischen, logischen, mathematischen, ethischen und ästhetischen Sphäre.

Die empirisch-thatsächliche geht auf die ihrer Natur nach wandelbaren Wahrheiten der äusseren und inneren Erfahrungswelt.

Die moralische umspannt jene Wahrheiten, welche gemäss den allgemeinen, ständigen Sitten und Gewohnheiten der Menschen gewöhnlich Annahme finden und sich mit einer Kraft aufdrängen, wie sie den sittlichen Gewissenswahrheiten meistenteils eigen ist, so dass auch in diesem Sinne ihnen die moralische Evidenz und Gewissheit zugeschrieben werden kann nach dem bekannten Axiom: denominatio fit a potiori. (l. c.)

Man wird wohl dem citierten Verfasser Recht geben müssen, wenn er sagt, dass letztere Einteilung, wenn auch nicht wesentlich von der ersten verschieden, so doch schärfer sei. Aus der physischen ist die von Lugo unvollkommen genannte ausgeschieden und der moralischen zugewiesen.

Die apriorische und empirisch-thatsächliche Gewissheit forernd schlechthin zwingend die Zustimmung, erstere wegen der inneren, letztere wegen der thatsächlichen Notwendigkeit. Die moralische Gewissheit gründet zwar auch auf thatsächlicher Notwendigkeit, denn von allem muss man sagen, dass es entweder ist und geschieht, oder nicht ist und nicht geschieht. Aber die Notwendigkeit leuchtet nicht so klar ein, ist nicht so zwingend, wie es bei der ersten der Fall ist.

Von der eigentlichen moralischen Gewissheit (certitudo moralis stricta) ist jene zu unterscheiden, die man nur in weiterem Sinne so nennt (cert. mor. lata). Sie ist nichts anderes als der höchste Grad der Wahrscheinlichkeit, bei welcher die Furcht per se eingeschlossen ist. Diese Furcht stellt sich aber in tausend Fragen der Wissenschaft und besonders des praktischen Lebens als evident unvernünftig dar. Eine Reihe von Versuchen genügt dem Forscher, um ein Gesetz aufzustellen, z. B. eine Erscheinung als die Ursache einer anderen hinzunehmen, wenn gleich es möglich ist, dass andere unberücksichtigte Faktoren mit hineinspielen, so dass unter anderen Umständen das Resultat ein anderes werden könnte. —

Der Richter urteilt auf Grund einer Reihe von probablen Indicien. Der Arzt erschliesst durch wahrscheinliche Symptome das Vorhandensein einer bestimmten Krankheit, oder er folgert aus einer Reihe von Versuchen die Heilkraft einer Arzenei für einen bestimmten Fall. Wir halten es für eine fixe Idee, wenn jemand meint, die Speisen, welche ihm vorgesetzt werden, seien vergiftet, oder wenn er fürchtet, die Decke des Zimmers in welchem er wohnt, möchte herabfallen.

Jeder wird zugeben, dass in den angeführten Beispielen die Möglichkeit des Gegenteils durchaus nicht ausgeschlossen sei. Aber niemand wird auch leugnen, dass man darüber Gewissheit zu haben vermeint. Wie ist das aber möglich?

Jede Gewissheit beruht auf der Evidenz, auf der einleuchtenden Notwendigkeit, bei der certitudo moralis stricta auf der Evidenz der erkannten Sache selbst, bei der cert. mor. lata dagegen auf der einleuchtenden Notwendigkeit der Unvernünftigkeit von Zweifel und Furcht. Leztere stützt sich auf das entschiedene Urteil, dass menschliches Leben und vielfach auch Wissen unmöglich wäre, wollte man jene Furcht zulassen, jenem Zweifel Gehör schenken. Darum ist die Zustimmung einerseits frei, weil die Einsicht in die Notwendigkeit der Sache nicht direkt vorhanden, sondern nur indirekt aus der evidenten Unvernünftigkeit des Zweifels auf jene Notwendigkeit geschlossen wird.

Wie es im Leben der Natur schwer ist, den Übergang von der Pflanzen- zur Tierwelt zu fixieren, wie es Zustände giebt, in welchen

Tod und Leben sich auf das engste berühren, so giebt es auch in den Zuständen des Geistes leise Übergänge, wo die Wahrscheinlichkeit an die Gewissheit streift, ohne dass jemand die wesentliche Verschiedenheit beider leugnen könnte. Von der Gewissheit, deren Wesen und Grade wir dargelegt haben, gehen wir zur Besprechung des Zustandes der Meinung über.

§ 3. Die Meinung.

Die Festigkeit der Zustimmung lässt Grade zu, wie wir gesehen haben, indem besonders die Klarheit, mit welcher die Notwendigkeit sich darstellt, grösser oder geringer sein kann. Es ist klar, dass bei steter Abnahme derselben wir an einem Punkte ankommen müssen, wo die Einsicht in die notwendige Wahrheit des Urteils den Verstand nicht mehr fesselt, wo nur einige Strahlen, ein Schein der Wahrheit, das geistige Auge treffen, die freilich noch Lichtstärke genug besitzen, um die Zustimmung zu bewirken, aber die mehr oder weniger begründete Furcht, das Gegenteil möge wahr sein und die Möglichkeit desselben nicht ausschliessen.

Dieser Zustand ist offenbar nicht der der Gewissheit, in welchem der Intellekt nach den Worten des hl. Thomas „ad unum" determiniert ist, in welchem das feste und unerschütterliche Urteil besteht, dass die Sache so sei und nicht anders sich verhalten könne, als man sie erkennt.

Dieser Zustand ist nicht der der Vermutung, in welcher kein Assensus zustande kommt, sondern bloss wegen unbedeutender Gründe eine Geneigtheit oder leise Hinneigung vorliegt, die Zustimmung zu geben. Auch der Zustand des Zweifels ist es nicht, in welchem der Verstand ganz unentschieden ist, ob er der einen Seite oder der andern beistimmen soll, in welchem er schwankt und sein Urteil suspendiert. Vielmehr haben wir in jener Darlegung den Zustand der Meinung gezeichnet, welche wir mit unserem Führer, dem hl. Thomas, definieren als „actus intellectus, qui fertur in unam partem cum formidine alterius" (1. q. 79 a. q. ad. 4.).

Derselbe Lehrer hält sie mit der scientia zusammen und zeigt ihren Unterschied: „De ratione scientiae est, quod id quod scitur existimetur esse impossibile aliter se habere; de ratione autem opinionis est, quod id quod est opinatum existimetur possibile aliter se habere" (2. 2. q. 1. a. 5. ad 4.). Die Gewissheit schliesst die Möglichkeit des Gegenteils aus, die Meinung schliesst sie ein.

Zwei Merkmale haben wir jetzt also im Begriff der Meinung gefunden, das der Zustimmung für die eine Seite eines Contradictorium, das der Furcht vor dem Irrtum.

Diese Furcht, von der wir oben gesagt haben, dass sie formell und eigentlich im Willen sei, im Verstande nur der Ursache nach als das Urteil, es drohe die Gefahr des Irrtums, ist der Meinung deshalb wesentlich, weil die Möglichkeit des Gegenteils nicht ausgeschlossen ist. „De ratione opinionis est, quod accipiatur unum cum formidine alterius oppositi, unde non habet firmam inhaesionem. (S. Thom. 1. 2. q. 67. a. 3. C.) Dagegen erhebt sich aber die Schwierigkeit, dass nach dem Zeugniss der Erfahrung oft eine Meinung festgehalten wird, ohne dass die Möglichkeit des Irrtums Beachtung findet, dass manche nach den Worten des Aristoteles fester der Meinung anhangen als der scientia. (l. 7. eth. Nicom. c. 3.)

Darauf ist zu erwidern: In jeder Meinung sind eigentlich zwei Urteile enthalten, das eine über den Schein der Wahrheit, das zweite über die Möglichkeit des Gegenteils und die Furcht vor dem Irrtum.

Letzteres ist der Wurzel nach mit dem ersten gegeben, braucht aber nicht aktuell und reflex da zu sein, kann durch Unachtsamkeit, Trägheit übersehen oder durch den Einfluss des Willens zurückgedrängt werden. Wie ist es aber möglich, diese so entgegengesetzten Momente der Zustimmung und der Furcht miteinander zu vereinigen? Wie kann der Verstand einem Satze anhangen und zugleich urteilen, dass sein Gegenteil möglich sei?

Der hl. Thomas liebt es zur Erklärung von Zuständen des Erkenntnisvermögens die analogen des Willens heranzuziehen. Das Gleiche sei hier auch gestattet. Nun finden wir, dass der Wille oft ein Gut mit der ganzen Kraft des Consenses erstrebt, oft aber auch, dass seinem Begehren eine entgegenstehende Velleität beigemischt ist, ein Unterschied, der als voluntarium simpliciter und voluntarium secundum quid ausgesprochen wird. Die velleitas oppositi schliesst den wahren Consens nicht aus. Der Kaufmann, der auf hoher See vom Sturm überrascht wird, sieht als einziges Mittel zur Rettung seines Lebens die Entlastung des Schiffes. Weil er nun sein Leben erhalten will, muss er auch das Mittel wollen,. d. h. seine Waren dem Meere preisgeben, obwohl er sie gerne bewahren möchte.

So dürfen wir auch analog im Verstand einen Assensus annehmen, dem die formido oppositi beigemischt ist.

Damit ist die Schwierigkeit freilich nicht ganz gehoben. Vielmehr müssen wir die subjektiven und objektiven Motive der Meinung ins Auge fassen. Schon bei der Gewissheit macht sich die Macht des Willens geltend und zwar um so stärker, je weniger klar die Notwendigkeit einleuchtet. In gleichem Verhältnis mit der Zunahme der Dunkelheit im Erkenntnisakt wächst die Herrschaft des Willens, für den die in Frage stehende Wahrheit ein Gut oder ein Übel ist, der deshalb den Verstand zur Zustimmung bewegen oder davon zurückhalten kann.

Dies ist erst recht bei der Meinung der Fall, wo es sich ja um eine weniger lichte Erkenntnis handelt. Hören wir wieder den Meister der Schule: „Intellectus assentit alicui, non quia sufficienter moveatur ab objecto proprio, sed per quandam electionem voluntarie declinans in unam partem magis quam in aliam et si quidem haec fit cum dubitatione et formidine alterius partis, erit opinio“ (2. 2. q. 1. a. 4. C.) und: „Quandoque intellectus non potest determinari ad alteram partem contradictionis neque statim per ipsas definitiones terminorum, sicut in principiis nec etiam virtute principiorum, sicut in conclusionibus demonstrativis est, determinatur autem per voluntatem, quae eligit assentire uni parti determinate et praecise propter aliquid quod est sufficiens ad movendam voluntatem, non autem ad movendum intellectum . . . . et ista est dispositio credentis.“ (quaest. disp. q. 14. de verit. a. 1.) Was unter diesem, „credere“ zu verstehen sei, lesen wir l. c. a. 2.: „Credere dicimur, quae vehementer opinamur.“

Wenn nun der Wille bei dieser Art der Erkenntnis eine so weitgehende Macht entfalten kann, ist dadurch nicht die Erreichung der Wahrheit gefährdet?

Darauf ist zu erwidern, dass der Wille die Zustimmung nur dann befehlen kann, wenn Gründe vorhanden sind. und dass die Festigkeit der Zustimmung, wenn sie eine kluge genannt werden soll, dem Gewicht der Motive entsprechen muss. Eine Meinung muss zu ihrem objektiven Fundament Gründe haben; freilich werden nicht solche verlangt, welche untrüglich sind, den Verstand determinieren, also Gewissheit geben. Auf der anderen Seite dürfen sie aber auch nicht so gering und unbedeutend sein, dass sie nur eine Hinneigung zu einem Urteil erzeugen, wie es bei der Vermutung der Fall ist. Es werden vielmehr Motive gefordert, die gewichtig und bedeutend sind und zwar in sich (absolute) und mit den Gegengründen verglichen (relative). Es genügt also nicht, dass für einen Satz in sich schwerwiegende Gründe sprechen, sondern es ist notwendig, dass dieselben bestehen bleiben, wenn man die für den Gegensatz sprechenden beachtet. Das Gewicht der Gründe, auf welche eine Meinung sich stützt, nennt man Probabilität, Wahrscheinlichkeit. Diese ist also nicht identisch mit der Meinung, wenn beide auch im Sprachgebrauche oft vertauscht werden. Die Probabilität ist genau gesprochen die Ursache der Meinung und verhält sich zu ihr wie die Evidenz zur Gewissheit. Dieselbe muss eine „vera" sein, die Gründe müssen in sich Gewicht und Bedeutung haben; sie muss eine „solida" sein, d. h. fest bestehen bleiben, wenn man die Gegengründe beachtet und würdigt. — Die Motive können nun der Sache selbst entnommen sein oder die Wahrscheinlichkeit kann sich auf das Zeugnis anderer stützen. Danach unterscheidet man die innere und die äussere Probabilität (probabilitas intrinseca, rationalis — prob. extrinseca, authentica).

Die innere ergiebt sich aus der Betrachtung der Sache selbst, ihren Umständen, Ursachen, Folgen und Wirkungen, auch, wie Billuart (Tom. IV. diss. 6. art. 1) bemerkt, „ex inconvenientia partis oppositae."

Die äussere stützt sich auf das Ansehen und die Wahrhaftigkeit anderer Menschen, welche das nötige Wissen und die erforderliche Wahrheitsliebe besitzen, von Vorurteilen nicht geblendet sind und objektiv zu urteilen pflegen. Es versteht sich aber von selbst, dass die äussere Wahrscheinlichkeit die innere als Wurzel und Grundlage voraussetzt und nach den Worten des hl. Alphons nichts anderes bezweckt als „afferre vis intrinsecae praesumptionem."

Damit hat dieser hl. Lehrer selbst den Vorwurf zurückgewiesen, den man gegen seine Schriften erhob, als ob die langen Reihen der darin aufgezählten Autoren seine einzigen Beweise ausmachten.

Man braucht weder ein Anhänger des rationalen noch des supranaturalistischen Traditionalismus zu sein, um das Gewicht der äusseren Wahrscheinlichkeit anzuerkennen. „Aliquis parvae scientiae magis certificatur de eo quod audit ab aliquo scientifico, quam de eo quod sibi secundum suam rationem videtur." (S. Thom. 2. 2. q. 4. a. 8. ad 2.) Wie muss nun die Autorität beschaffen sein, auf welche die äussere Probabilität sich gründet?

Eine negative Bestimmung zur Lösung dieser Frage finden wir in der Vorurteilung der Proposition: „Si liber sit alicujus junioris et moderni, sententia debet censeri probabilis, dum non constet eam rejectam esse a Sede Apostolica, tamquam improbabilem."

Diesen Satz hatten Diana, Rhodes, Sanchez u. a. verteidigt.

Eine Begründung desselben versucht Caramuel (Theol. fundam. p. 137) in folgender Weise: „Eine Meinung, welche vier Autoren vertreten, ist probabel. Nun sprechen aber zwanzig und mehr dafür, dass ein einziger Gewährsmann genüge, damit der von ihm ausgesprochene Satz äussere Wahrscheinlichkeit besitze." — Doch das Trügerische dieses Schlusses leuchtet ein.

Indem Alexander VII. am 24. September 1665 (prop. 27.) den angeführten Satz verwarf, ist jedoch nicht ausgesprochen worden, dass nicht manchmal ein einziger Autor genüge, damit die von ihm vorgetragene Meinung als probabel angesehen werden könne. Derselbe muss aber ein auctor omni exceptione major sein. Er muss mit einem tiefen Wissen in Sachen des natürlichen und positiven Rechtes ausgerüstet sein, mit wahrhaft gediegenen und stichhaltigen Gründen seine Meinung stützen und die entgegenstehenden Ansichten widerlegen. Er muss erhaben sein über jede exceptio, d. h Einrede, darf seine Behauptung nicht einer sicheren entgegensetzen. Sein Ansehen wächst, wenn die Kirche, wie es bei dem hl. Thomas und Alphons der Fall ist, ihm ihre Billigung ausspricht, seine Schriften empfiehlt. Es versteht sich aber von selbst, dass die äussere Wahrscheinlichkeit einer Meinung, welche ein solcher Gewährsmann ausgesprochen und verteidigt hat, verschwindet, wenn das Gegenteil etwa durch eine kirchliche Entscheidung sich als gewiss darstellt. Für gewöhnlich werden 5—6 Autoren und zwar graves et classici (Lehmkuhl I. p. 81) eine äussere Probalität erzeugen. Darunter aber sind jene zu verstehen, welche durch Wissen und Erfahrung sich auszeichnen, die unabhängig von einander die Sache geprüft und die entgegengesetzten Ansichten mit ihren Argumenten gewürdigt haben, die sonst keine Meinungen als probable ausgaben, welche sich nur auf nichtige Gründe stützen. In praktischen Fragen verdienen Männer des Wissens und der Erfahrung vor blossen Theoretikern den Vorzug; denn wie Duarte (Expositio proposit. dammat. n. 456) bemerkt, „plurimi pollent ingenio, non tamen judicio prudentiali et ideo in scholastica eminent, in morali vero claudicant."

Dem nicht theologisch Gebildeten bietet sein Pfarrer oder Beichtvater die genügende äussere Wahrscheinlichkeit. Denn von ihnen muss er voraussetzen, dass sie das nötige Wissen und die erforderliche Wahrheitsliebe besitzen; ihrem Urteil kann er also vertrauen. Sollte er sich in seiner Annahme täuschen, ist es ihm nicht zuzurechnen, wenn er sich nach ihrer vielleicht irrigen Entscheidung richtet.

Die äussere Probabilität ist eine absolute, wenn alle Autoren eine Meinung vertreten, eine relative, wenn nur einige sich für dieselbe verbürgen, wie es schon Aristoteles in seiner Definition des Wahrscheinlichen andeutet: „Probabilia sunt, quae videntur omnibus vel plerisque vel maxime notis.“ Top. l. 1. c. 1.

Nachdem wir so die innere und äussere Probabilität betrachtet haben, sind wir in der Lage die Definition der Meinung zu geben.

Sie ist jener Zustand des urteilenden Verstandes, in welchem er unter dem Einfluss des Willens der einen Seite eines Contradictorium seine Zustimmung giebt und anhangt wegen der inneren oder äusseren Probabilität, d. h. auf das Gewicht absolut und relativ bedeutender Gründe gestützt, welche der Sache selbst oder dem Zeugnisse anderer entnommen sind, die aber die Furcht des Irrtums nicht ausschliessen, weil sie den Verstand nicht „ad unum“ determinieren und die Unmöglichkeit des Gegenteils nicht beweisen.

Wenn hier die Frage gestellt wird, ob die Meinung Grade zulasse, so ist dieselbe sofort zu bejahen. Dies ist einmal darin begründet, dass sie durch ein imperium voluntatis zustande kommt, welches offenbar mehr oder weniger entschieden sein kann. Eine objektive Einteilung gewinnen wir aber durch Betrachtung ihres objektiven Momentes, der Probabilität.

Hier aber sind vier verschiedene Fälle zu behandeln: Wir haben 1) die Wahrscheinlichkeit einer einzigen Meinung, 2) die von Satz und Gegensatz, 3) die mehrerer Meinungen, welche vorgebracht werden, und 4) die Probabilität selbst in ihren Abstufungen ins Auge zu fassen. Beginnen wir sofort mit der Wahrscheinlichkeit einer Meinung. Es ist hier möglich, dass die Probabilität einer bestimmten Meinung gewiss oder wahrscheinlich oder vermutet oder zweifelhaft sei. Man kann Gewissheit darüber haben, dass Probabilität vorliegt, man kann es meinen, vermuten, bezweifeln. Damit ist sofort die opinio certe — probabiliter — tenuiter — dubie probabilis gegeben. Wenn man zweifelt, ob eine Meinung wahrscheinlich sei, so heisst das nichts anderes, als dass man nicht weiss und schwankt, ob bedeutende Gründe für sie da seien oder nicht. Man hat keinen durchschlagenden, entscheidenden Grund dafür, dass Wahrscheinlichkeit vorliege. Es ist aber klar, dass hier von einer vera et solida probabilitas keine Rede sein kann. Wenn demnach die inneren Gründe einer Meinung von zweifelhaftem Wert sind, wenn das Ansehen ihrer Vertreter zweifelhaft ist, dann ist jener Meinung keine Wahrscheinlichkeit eigen.

Auch die tenuis probabilitas werden wir nicht als eine wahre zulassen können, wenn damit gesagt sein soll, dass ein geringfügiger Grund dafür spricht, dass starke Motive vorhanden seien, dass die Probabilität nur vermutet werden kann. Sie enthält einen Widerspruch in terminis, indem tenuis das aufhebt, was probabilitas sagt. Der hl. Alphons vergleicht damit Ausdrücke wie tenuis fortitudo, tenuis peritia, die jedermann im Ernste nur statt debilitas und imperitia gebrauche. (H. A. Tr. 1. n. 30.)

Von dieser Auffassung der tenuis probabilitas ist jedoch eine andere, von manchen katholischen Autoren gebrauchte wohl zu unterscheiden. Man versteht darunter auch eine Stufe der Wahrscheinlichkeit selbst, ein Gewicht der Gründe, das zwar an sich genügt, den Verstand zur Zustimmung zu bewegen, aber im Verhältnis zu anderen Graden in der Stufenfolge der Probabilität gering genannt werden muss. Von ihr haben wir bei Betrachtung des vierten der oben angeführten Fälle zu reden.

Es fragt sich ferner, was von jener Wahrscheinlichkeit zu halten sei, welche blos probabel ist. Man sagt dann: es ist wahrscheinlich, dass wichtige Gründe für diesen Satz sprechen, aber es ist auch möglich, dass keine solchen Motive vorliegen. Wir tragen Bedenken, diese Probabilität für eine wahre zu halten, sondern glauben, dass nur jene diesen Namen verdient, als vera et solida probabilitas angesehen werden darf, welche gewiss ist. — Ballerini (Op. theol. mor. I. p. 180) sucht die probabiliter probabilis als vere prob. zu erweisen. Er muss aber seine Zuflucht zu dem Satz nehmen, dass eine wahre Probabilität einer Gewissheit in weiterem Sinne gleichkommt, was in dieser allgemeinen Fassung falsch ist. Wir werden sehen, dass dies nur von der unice probabilis und dem höchsten Grad der Wahrscheinlichkeit gilt, wie es Ballerini selbst den Probabilioristen gegenüber scharf und genau festgehalten hat.

Nur dann ist eine wahre und eigentliche Probabilität gegeben, wenn man gewiss ist über das Gewicht und die Bedeutung der Motive.

Wir gehen jetzt an die Vergleichung der Probabilitäten der beiden Seiten eines Contradictorium.

Es ist klar, dass für Satz und Gegensatz gewichtige Gründe (motiva absolute et relative gravia) sprechen können, denn beide Seiten sind nach Voraussetzung ungewiss Wäre die eine gewiss, so könnte die andere nicht probabel sein. Deshalb ist eine Meinung dann unwahrscheinlich, wenn sie der Vernunft, der Erfahrung, der hl. Schrift, der einstimmigen Lehre der hl. Väter, den Lehrentscheidungen der Kirche oder der sententia communis der Theologen widerspricht.

„Qui assentit opinioni alicujus magistri contra manifestum scripturae testimonium sive contra id, quod publice tenetur, secundum Ecclesiae auctoritatem, non potest erroris vitio excusari.“ S. Thom. Quodl. 3. art. 10.

Gewissheit auf der einen Seite macht die Wahrscheinlichkeit des Gegenteils unmöglich, nicht aber Probabilität des einen Teils die der Gegenseite.

Bei der Vergleichung der beiden entgegenstehenden Probabilitäten kann sich ein dreifaches ergeben: entweder ist die Wahrscheinlichkeit des ersten kleiner oder grösser oder die beider Teile ist gleich. Ist letzteres der Fall, so muss man vor allem festhalten, dass eine absolute mathematische Gleichheit eine Fiktion ist, niemals thatsächlich wird. Es wird sich stets ein wenn auch geringer Überschuss ergeben, der aber nach dem bekannten Axiom: Parum pro nihilo putatur, nicht weiter beachtet wird. Sind beide Meinungen also gleich in Bezug auf das Gewicht ihrer Gründe, so ist es dem Verstande nicht möglich, der einen vor der anderen seine Zustimmung zu geben. Hier ist die Annahme des einen Satzes nur möglich durch den Einfluss des Willens, dem die Wahrheit desselben als ein Gut entgegentritt. Da nun der Wille nur ein erkanntes, vom Verstande ihm vorgelegtes Gut erstreben kann, so setzt jenes imperium voluntatis ein höheres Princip voraus. Ein Beispiel möge die Sache beleuchten.

Nehmen wir an, in einem bestimmten Fall stehe für Freiheit und Gesetz gleiche Probabilität.

Es sei ebenso wahrscheinlich, dass das Gesetz verpflichte, wie dass es nicht verpflichte. Der Verstand kann aus sich keiner der beiden Seiten zustimmen. Hält nun der Wille die Freiheit für ein Gut, gestützt auf das vom Verstande ihm vorgelegte Princip, es sei für die Freiheit einzutreten, solange das Gesetz nicht erwiesen sei, so wird derselbe den Verstand bestimmen, der Meinung für die Freiheit anzuhangen.

Wenn die Probabilität der einen Seite grösser ist, als die der anderen, wird der Verstand dieser grösseren Probabilität unter dem Einfluss des Willens seine Zustimmung geben, wenn er nicht eben durch den Willen davon zurückgehalten wird.

Grössere Schwierigkeiten bereitet die Frage, ob der Wille auch der kleineren Probabilität anhangen, der weniger wahrscheinlichen Meinung seine Zustimmung geben und die der wahrscheinlicheren bei Seite lassen könne.

Es giebt sehr viele, welche dies für unmöglich erklären. Es heisse dem Verstand Gewalt anthun, wolle man ihn bewegen der minus probabilis beizustimmen. Denn durch das Uebergewicht der entgegenstehenden Motive höre die Probabilität der einen Seite auf.

Denken wir uns die Wahrscheinlichkeit eines Satzes durch eine Zahl ausgedrückt (was freilich an sich zu thun unmöglich ist), etwa 7, die des Gegenteils durch 3, so ist nach jener Ansicht die reine Probablilität des ersten Satzes = 7 — 3 = 4, die des zweiten = 3 — 7 = — 4.

Ferner zieht man den Vergleich mit einer Wage heran, bei welcher die eine Seite alles Gewicht verliert, wenn die andere auch nur wenig niedergedrückt ist.

Noch häufiger sagt man: Die probabilior steht der Wahrheit am nächsten. Es heisst also die Wahrheit fliehen, wenn man der minus probabilis zustimmt.

Am meisten aber wird die Analogie des höheren und geringeren Gutes als Argument benützt. Das kleine Gut hört im Vergleich zum grösseren auf ein wahres Gut zu sein. —

Sehen wir uns diese Beweise etwas näher an. Wir geben zu, dass es Fälle giebt, in welchen die grössere Wahrscheinlichkeit die kleinere aufhebt; wenn nämlich aus denselben Principien argumentiert wird, wenn die Gründe der einen Seite direkt gegen die des Gegenteils gerichtet sind und diese niederschlagen. Wir verlangen aber gerade Motive, welche nicht bloss absolute, in sich gewichtig sind, sondern ihre Bedeutung auch bewahren, wenn man die Gegengründe beachtet; wir fordern eine vera et solida probabilitas, eine Wahrscheinlichkeit, welche in sich fest begründet ist und vor der des Gegenteils stichhält.

Werden die Motive der einen Seite durch die entgegenstehenden aus dem Felde geschlagen, dann bleibt nur noch e i n e wahrscheinliche Meinung übrig, der Fall der unice probablis ist damit gegeben. Diese aber bewirkt eine certitudo moralis lata, wovon oben Rede war. Denn wenn gegen eine wahre Probabilität keine oder nur unbedeutende Gründe sprechen, so muss man schliessen, dass jene Meinung die Wahrheit enthalte, die nur wegen der Schwäche unseres Erkenntnisvermögens von uns nicht geschaut wird. Der eigentliche

Grund liegt darin, dass die Furcht des Irrtums und die Möglichkeit des Gegenteils unbegründet sind und deshalb übersehen werden dürfen. Wenn manche (z. B. die Probabilioristen) die opinio certe, notabiliter probabilior sofort für eine moralisch gewisse nehmen, so ist dies falsch, wenn das bedeutende Übergewicht allein als solches dies bewirken soll.

Wenn dieses freilich so gross wäre, dass die entgegenstehenden Gründe ganz unbedeutend erschienen, oder wenn die Motive direkt gegen einander gerichtet wären und die grössere Wahrscheinlichkeit die kleinere aufheben würde, dann und nur dann würde die probabilior (ob certe, notabiliter probabilior oder nicht) zur certa certitudine morali lata.

Dies ist aber meistens nicht der Fall. Damit haben wir den ersten Beweisgrund untersucht für die Behauptung, die Wahrscheinlichkeit der einen Seite höre durch das Übergewicht der anderen ganz auf, die probabilioritas sei stets eine certitudo moralis lata, die minus probabilis der improbabilis gleich.

Die Gegner sagen aber: Man lege auf eine Wagschale ein grösseres Gewicht als auf die andere; die erste wird unfehlbar niedergedrückt und das Gewicht der anderen ist paralysiert. — Aber man bedenke, dass Motive, wie sie nach Voraussetzung vorliegen, den Verstand nicht mit physischer Notwendigkeit „herabdrücken," zur Zustimmung determinieren.

„Hoc argumentum tametsi speciosum, est puerile sophisma. Duo enim pondera, quae hic inducuntur, in uno eodemque puncto vim propriam exercent, unde resultat unus indivisus effectus secundum leges de resultantia virium in idem punctum confluentium. Si itaque aliqua analogia inde depromi posset in rem nostram, deberet applicari ad casum, in quo probabilitas utriusque partis contradictionis duceretur ex eodem fonte. Atqui res non ita contingit, cum binae contradictoriae sunt vere probabiles. Hinc probabilitas unius non eliditur ab altera, quem ad modum vis ponderis compositi in lance alterius librae." Schiffini, disp. phil. mor. I. p. 299 sq.

Hier ist der Ort den Grundfehler der Gegner zu nennen. Sie machen sich eines groben Circulus vitiosus schuldig, nehmen sofort die Probabilität als Gewissheit an, legen der ersten die Eigenschaften und Wirkungen der zweiten bei und folgern dann: Also ist die grössere Wahrscheinlichkeit gleich Gewissheit. Dies zeigt sich am klarsten in jenem oft wiederholten Argument, das

Wahrscheinlichere liege der Wahrheit näher. Also wäre die Zustimmung zum weniger Probablen einer Flucht der Wahrheit gleich. Dieser Einwand kann auf den ersten Anblick bestechen und blenden, aber näher zugesehen, lässt sich die petitio principii nicht verkennen.

Die Wahrscheinlichkeit setzt voraus, dass man die Wahrheit nicht kennt. Wer kann also sagen, dass diese Meinung ihr näher liege? Will man die stärkeren Gründe als Wegweiser zur Wahrheit auffassen, so fragt es sich, ob nicht für die Gegenseite Gründe unbeachtet geblieben sind oder die ersteren durch Zugabe der subjektiven Neigung, eines gewissen Vorurteils ein grösseres Gewicht erlangt haben. „Interdum falsa verisimiliora sunt veris." Sowohl die grössere wie die kleinere Wahrscheinlichkeit bieten nicht den Besitz der Wahrheit, wenn nicht die erste die geringere vernichtet, zur moralisch gewissen (lata sensu) wird.

Ganz irrig und zu den verkehrtesten Schlussfolgerungen führend ist auch jene hier herangezogene Behauptung, dass das kleinere Gut im Vergleich zum grösseren aufhöre ein wahres Gut zu sein, woraus man dann per analogiam folgert, dass auch die kleinere Probabilität gegenüber der grösseren verschwinde, so dass unmöglich der Verstand ihr seine Zustimmung gebe.

Wir wollen die Consequenzen nur andeuten, die jene Behauptung für die Willensfreiheit haben würde. Das System des Optimismus wäre unvermeidlich. Es ist eine Thatsache des Bewustseins wie der Erfahrung, dass wir nicht notwendig das grössere Gut wählen. Wir können das geringere vorziehen. Dies ist einmal möglich in unkluger, mehr oder weniger unvernünftiger Weise, indem man wählt, weil man so will. Stat pro ratione voluntas. Aber es können auch andere Motive hinzutreten, welche die Wahl bestimmen, so dass gerade das kleinere Gut für den Wählenden das grössere ist.

Erläutern wir diesen Gedanken durch ein Beispiel. Es werden einem Menschen wenige Mark und ein Vermögen von vielen Tausenden vorgelegt, damit er zwischen beiden wähle. Kann er nun die geringe Summe den Tausenden, das kleinere Gut dem um vieles grösseren vorziehen? Ganz gewiss, und zwar einmal unbesonnener Weise, er wählt, weil er so will, weil es ihm besser gefällt. — Er kann aber bestimmende Motive zu dieser Wahl haben, etwa um sich nicht der Gefahr auszusetzen, ein Müssiggänger, ein Trinker, ein Spieler zu werden u. s. w. Jetzt ist seine Wahl des geringeren Gutes entschieden vernünftig und das geringere Gut ist für ihn das grössere geworden.

Dem hl. Aloysius war ein Fürstenkleid und das demütige Gewand eines Ordensmannes, ein Palast und eine arme Zelle zur Wahl vorgelegt. Wir wissen, wie er gewählt hat. Wollen wir seine Wahl unvernünftig nennen?

Es ist aber auch klar, dass selbst nach diesen Erwägungen, welche die Wahl bestimmten, wodurch das grössere Gut zum kleineren wurde, im ersten Beispiel der Mensch das Vermögen, Aloysius den Palast und die Fürstenkrone wählen konnte. Dies ist zu bemerken um jede Einrede abzuschneiden. —

Also wählt der Mensch in jedem Eall, wenn seine Wahl besonnen und klug genannt werden soll, das grössere Gut, sei es grösser in sich, oder erscheine es so aus anderen Motiven.

Damit ist der Weg geebnet zur Lösung der Frage, ob und wie der Verstand einer geringeren Probabilität mit Beiseitelassung der grösseren beistimmen könne. Auf beiden Seiten ist wahre Probabilität und nur Probabilität. Da also der Intellekt nicht determiniert ist, so kann und muss der Wille seinen Einfluss geltend machen, damit ein Assensus zustande komme. Wenn nun die geringere Probabilität dem Willen als ein höheres Gut sich darstellt, als die grössere, wenn er z. B. in jener das Gut der von Gott dem Menschen verliehenen Freiheit, in dieser aber ein Übel, z. B. die Vermehrung der Sünde, sieht, dann wird er der kleineren den Vorzug geben und den Verstand bewegen, ihr beizustimmen. Ebendadurch aber wird die minor probabilitas zur major. Stets wird also der Verstand der wahrscheinlicheren Meinung Zustimmung leisten, mag sie direkt oder reflex als solche erkannt sein.

Bisher haben wir betrachtet, wie sich die Prababilitäten bei Satz und Gegensatz verhalten. Wir gehen jetzt dazu über, das Verhältnis der Wahrscheinlichkeit mehrerer in einer Frage aufgestellten Meinungen darzustellen. Solcher können es offenbar 4, 5, oder mehr oder weniger sein. Es ist nun klar, dass wir hier opiniones aeque (fere aeque), minus, magis probabiles haben können, denen sich noch die maxime probabilis, die probabilissima zugesellt, wenn mehr als zwei Meinungen vorliegen. Für die ersten gilt genau dasselbe, was für die gleiche, grössere und geringere Wahrscheinlichkeit der beiden Seiten eines Contradictorium bemerkt wurde. Nur die letzte bedarf noch einer Erklärung. In einer Reihe mehrerer wahrscheinlicher Meinungen wird es den Fall, dass alle gleich sind, ausgeschlossen, eine geben, welche als relative probabilissima bezeichnet werden muss. Diese hebt die Wahrscheinlichkeit der anderen nicht immer auf, wenn diese auch im Vergleich mit jener geringere, aber immerhin noch eine wahrhafte und stichhaltige Probabilität besitzen, die genügend ist, die Zustimmung des Verstandes zu gewinnen. Nur dann, wenn die Gründe der probabilissima die der anderen zu ganz unbedeutenden machen oder aufheben, verliert letzere ihre Wahrscheinlichkeit. In diesem Falle wird die probabilior zur unice probabilis, welche eine moralische Gewissheit (lato sensu) erzeugt. Im ersten aber ist sie nichts anderes als Wahrscheinlichkeit, welche die Möglichkeit des Gegenteils und die Furcht des Irrtums nicht ausschliest. Hier kann der Wille den Verstand bewegen, der geringeren, aber noch immer wahren und stichhaltigen Probabilität beizustimmen, wenn diese ihm als höheres Gut entgegentritt. — Schliesslich haben wir noch die Grade der Probabilität in sich zu betrachten. Die Wahrscheinlichkeit ist eine Annäherung an die Gewissheit und kann darum viele Abstufungen haben. Dies lässt sich am besten durch die mathematische Wahrscheinlichkeit veranschaulichen. Unter dieser versteht man nämlich den Quotienten, dessen Divisor die möglichen, dessen Dividend die günstigen Fälle für das Eintreten eines Ereignisses anzeigt.

Es soll z. B. die Wahrscheinlichkeit berechnet werden, dass man aus einer Urne, in welcher sich 5 weisse und 3 schwarze Kugeln befinden, bei dem ersten Griff eine schwarze zieht.

Möglich sind offenbar $5 + 3 = 8$ Fälle, günstig 3. Deshalb ist die Wahrscheinlichkeit $= \frac{3}{8}$.

Sind 8 schwarze Kugeln in der Urne und keine weisse, so ist die Wahrscheinlichkeit für das Ziehen einer schwarzen $= \frac{8}{8} = 1$, d. h. es ist gewiss, dass man eine schwarze zieht; dagegen ist die Wahrscheinlichkeit für das Ziehen einer weissen $= \frac{0}{8} = 0$, d. h. es ist unmöglich, dass eine weisse gezogen wird.

Allgemein wird die Reihe der Wahrscheinlichkeiten für 8 mögliche Fälle diese sein:

$$\frac{7}{8},\ \frac{6}{8},\ \frac{5}{8},\ \frac{4}{8},\ \frac{3}{8},\ \frac{2}{8},\ \frac{1}{8},$$

$\frac{4}{8}$ bezeichnet die Grenze zwischen Unwahrscheinlichkeit und Wahrscheinlichkeit, $\frac{7}{8}$, $\frac{6}{8}$, $\frac{5}{8}$ sind die Wahrscheinlichkeiten, davon ist $\frac{7}{8}$ der Gewissheit ($\frac{8}{8} = 1$) am nächsten, die höchste Stufe der Probabilität, $\frac{5}{8}$ die niedrigste derselben. Man kann die mathematische Wahrscheinlichkeit nicht dort anwenden, wo eine Reihe subjectiver Momente mit in Frage kommt. Immerhin mag sie dazu dienen, um zu verstehen, dass es in der Probabilität selbst Grade giebt, deren höchster der Gewissheit am nächsten steht und hier als certitudo moralis lata bezeichnet werden kann und darf.

Berühren wir noch kurz die Frage, ob Meinung und Gewissheit zusammen bestehen können, so dass derselbe Satz gewiss und wahrscheinlich sein kann. Der hl. Thomas bemerkt hierüber: „Non contingit omnino simul scire et opinari, quia simul haberet homo existimationem, quod posset aliter se habere et quod non posset aliter se habere.“ Anal. post. l. 1. lect. 44.

Es ist jedoch das „omnino“ in den angeführten Worten des englischen Lehrers wohl zu beachten. Wir haben gesagt: Gewissheit und Meinung sind wesentlich verschieden; aus einer noch so grossen Reihe von Probabilitäten kann niemals die wahre Gewissheit als Resultat hervorgehen. Ebenso müssen wir sagen: dass aus genau denselben Motiven derselbe etwas weiss und meint, ist unmöglich. Wie aber der Wille aus verschiedenen Beweggründen dasselbe Objekt lieben und nicht lieben kann, so ist es wohl auch dem Verstande möglich, einen Satz zu wissen, wenn er die Gewissheitsgründe beachtet, und denselben zu meinen, wenn er jene aus dem Auge lässt und bloss die Wahrscheinlichkeits-Motive berücksichtigt. Damit stimmt der hl. Thomas überein, der (3. q. 9. a. 3. ad 2.) sagt: „Scientia acquisita potest remanere cognitio, quae est per syllogismum dialecticum, quasi consequens scientiam demonstrativam, quae est per causam, quia ille, qui cognoscit causam, ex hoc etiam magis potest cognoscere signa probabilia, ex quibus procedit dialecticus syllogismus.“ Es kommt oft vor, dass einem die Gewissheit bietenden Beweise noch Convenienz-, Opportunitäts-, also Wahrscheinlichkeits-Gründe beigefügt werden. So wird z. B. dem Beweis aus Schrift, Tradition und kirchlicher Lehrentscheidung für die Existenz geschaffener reiner Geister der Convenienzbeweis aus der Vollständigkeit und Harmonie des Universum beigegeben, welcher den ersteren wohl verstärkt, an sich aber nur Wahrscheinlichkeit bietet.

Es erübrigt noch bei Besprechung über die Probabilität zwei Einteilungen derselben anzuschliessen, welche für die Moral von besonders hoher Bedeutung sind. Man unterscheidet nämlich die Wahrscheinlichkeit in Bezug auf ihr Objekt in spekulative und praktische, ferner in probabilitas juris et facti. Beide werden zuweilen miteinander in der Weise vertauscht, dass spekulative und prob. facti, sowie praktische und prob. juris für gleich genommen werden (so z. B. Bouquillon, Theol. fund. n. 312). Dies ist aber nicht zu billigen; einmal ist es dem gewöhnlichen Sprachgebrauch entgegen, an dem wegen der Gefahr folgenschwerer Missverständnisse gerade in diesem Gebiete, in welchem eine genaue Denk- und Sprachweise ungemein wichtig ist, so lange festgehalten werden muss, bis er als falsch erwiesen ist; ferner fallen sie auch sachlich nicht zusammen, wie dies die Darlegung ergeben wird.

Wie unterscheidet sich die spekulative und praktische Wahrscheinlichkeit? Es ist ein Irrtum, wenn man diese Frage bloss dadurch genügend beantwortet zu haben glaubt, dass man sagt: Die spekulative ist dann vorhanden, wenn die Sache in Bezug auf ihre Moralität in abstracto, d. h. losgelöst von den sie begleitenden Umständen der Person, des Ortes, der Zeit etc., die praktische dann, wenn sie in concreto mit allen ihren Umständen betrachtet wird (z. B. Gury, Compend. Theol. Mor. n. 52). Dies ist aber durchaus nicht zureichend. Es kann ein Satz mit allen nur denkbaren concreten Umständen als wahrscheinlich in Betracht kommen und doch ist er nur spekulativ probabel, kann vielleicht niemals praktisch probabel werden. Das eigentliche unterscheidende Merkmal ist darin zu finden, ob die wahrscheinliche Meinung auf eine hic et nunc zu setzende Handlung oder von einem, der jetzt gerade handeln will, angewendet wird, oder ob dies nicht der Fall ist. Im ersten Fall, wo die wahrscheinliche Meinung (wenigstens grundlegend, damit sich auf ihr durch ein reflexes Princip die notwendige Gewissheit aufbaue) zur Direktive der Handlung wird, ist sie praktisch, im letzten spekulativ.

Die probabilitas juris ist dann vorhanden, wenn sie auf Existenz bezw. Nichtexistenz eines Gesetzes geht oder die Erklärung, Anwendung und Ausdehnung eines solchen betrifft. Die probabilitas facti aber urteilt über die Existenz bezw. Nichtexistenz einer partikulären Thatsache, z. B. über geschehene Dispensation, über Erfüllung eines Gesetzes, ob ein Faktum vorliege, aus welchem eine Verpflichtung erwächst, oder ein solches, welches die Verpflichtung aufhebt.

Aus der gegebenen Begriffsbestimmung ergiebt sich die Verschiedenheit beider Einteilungen der Wahrscheinlichkeit in spekulative und praktische einerseits, in juris et facti andererseits

Nachdem wir so den Zustand der Meinung unter den verschiedensten Gesichtspunkten dargelegt haben, wenden wir uns zu jenem, den man den Zweifel, das dubium nennt, um ihn in seinem Wesen, seinem Unterschied von Meinung und Gewissheit zu betrachten.

§ 4. Der Zweifel.

In der Meinung giebt der Verstand der einen Seite eines Contradictorium unter dem Einflusse des Willens auf innere oder äussere Probabilität gestützt seine Zustimmung, so jedoch, dass er die Möglichkeit der Wahrheit des Gegenteils nicht ganz ausschliesst, dass die Furcht vor dem Irrtum vorhanden ist. Nun kann es sein, dass die Gründe für die Gegenseite immer stärker, die Furcht also immer begründeter wird, bis das Gewicht der Motive auf der einen Seite der Probabilität des Gegenteils gleich wird, so dass der Verstand schwankt, welcher Seite er zustimmen soll, dass er keiner Seite die Beistimmung leisten kann, dass er sein Urteil suspendiert. Dasselbe ist der Fall, wenn weder für die eine noch für die andere Seite Gründe vorhanden sind oder doch so unbedeutende, dass sie keinen Einfluss ausüben können. Parum pro nihilo putatur. So bewegt sich die Wage nicht, wenn kein Gewicht auf beiden Seiten oder gleiches auf jeder derselben liegt. Wenn also der Verstand wegen des Mangels an Motiven oder wegen der Gleichheit derselben keine Zustimmung giebt, kein Urteil fällt, dann bezeichnen wir diesen Zustand als Zweifel. (Zweifel von zwei, dubium von duo, griechisch ἐνδοιάζειν mit δύο zusammenhängend. Inhaltreich sind auch die Bezeichnungen des Zweifels als ἀμφισβητεῖν und ἀμφιγνοεῖν, welche andeuten, dass man nicht direkt auf die Wahrheit losgeht, sie nicht klar erkennt, sondern umhertastet und zwar ἀμφί vgl. ambo nach beiden Seiten hin.) Der hl. Thomas beschreibt den Zustand des Zweifels folgendermassen: „Intellectus noster quandoque non inclinatur magis ad unum quam ad aliud vel propter defectum moventium, sicut in illis problematibus, de quibus rationes non habemus vel propter apparentem aequalitatem eorum, quae movent ad utramque partem et ista est dispositio dubitantis, qui fluctuat inter duas partes contradictionis.“ Der englische Lehrer fügt gleich den Unterschied zwischen Zweifel und Meinung bei: „Quandoque vero intellectus inclinatur magis ad unum quam ad alterum, sed tamen illud inclinans non sufficienter movet intellectum ad hoc quod determinet ipsum ad unam partem totaliter (wie es bei der Gewissheit der Fall ist), unde accipit quidem unam partem, tamen semper dubitat de opposita et haec est dispositio opinantis, qui accipit unam partem contradictionis cum formidine alterius.“ Quaest. disp. q. 14. de verit. a. 1.

Mit diesen Worten hat der hl. Thomas Zweifel, Meinung und Gewissheit gezeichnet und in ihren Unterschieden dargelegt. Bei letzterer ist ein festes, entschiedenes Urteil, determinatio ad unam partem totaliter, bei der Meinung ein Urteil cum formidine alterius, bei dem Zweifel kein Urteil gegeben, er ist die suspensio judicii. „Dubitans non habet assensum, cum non inhaereat uni parti magis quam alteri.“ S. Thom. Quaest. disp. q. 14. de verit. a. 1.

Nur insofern kann bei dem Zweifel von einem Urteil Rede sein, als der Verstand in reflexer Weise urteilt, er könne sich weder für die eine noch für die andere Seite entscheiden.

Der objektive Grund der Gewissheit ist die einleuchtende Notwendigkeit, der der Meinung die Probabilität.

Der objektive Grund des Zweifels liegt nicht in dem Mangel der Notwendigkeit des Objektes selbst, denn alles ist entweder oder es ist nicht, darum ist alles, was ist, innerlich oder thatsächlich notwendig. Vielmehr liegt er im Mangel der Klarheit der Sache selbst, wozu sich als subjektives Moment die Schwäche des menschlichen Verstandes gesellt. Daraus erkennen wir, dass nur im endlichen, beschränkten Intellekt der Zustand des Zweifels sich finden kann, nicht aber im unendlichen, geradesowenig in diesem wie die Meinung, welche ja auch ein Zustand der Nichtgewissheit ist. —

Dadurch entsteht der Zweifel, dass der Verstand auf beiden Seiten eines Contradictorium gar keine oder ganz unbedeutende oder gleich gewichtige Gründe sieht. Im ersteren Falle haben wir den negativen, im letzteren den positiven Zweifel. Näher zugesehen ist der negative nichts anderes als Unwissenheit. Es ist kaum ein Unterschied darin zu erkennen, ob man sagt, ich weiss nicht, ob die Zahl der Atome in der Welt gerade oder ungerade ist, oder ich zweifle, ob sie gerade oder ungerade sei. — Der positive Zweifel ist aber nichts anderes als eine Disjunction zweier sententiae probabiles. Es ist hier noch zu bemerken, dass von einem eigentlichen Zweifel keine Rede sein kann, wenn für die eine Seite starke Gründe, für die andere aber gar keine oder nur unbedeutende stehen, obwohl man für diesen Fall manchmal von einem dubium negativum spricht. — Für den Zweifel haben wir zunächst dieselben Einteilungen zu erwähnen, welche wir bei der Meinung vorgebracht haben, die in spekulativen und praktischen Zweifel, die in dubium juris et facti. Die erste Unterscheidung ist von Cajetanus in die Theologie eingeführt worden. Dieser schreibt in seinem Opusculum septend. Respons.

(resp. 13. dub. 7.): „Distinguere oportet de modo, an hujusmodi haesitatio seu vacillatio sit modo speculativo vel modo practico, hoc est an dubitet de licito vel illicito vel secundum se vel ut est ratio operis hic et nunc."

Wir müssen hier wieder jene Erklärung als unzureichend zurückweisen, welche den spekulativen Zweifel als jenen bezeichnet, der ein Objekt in abstracto ohne seine Umstände betrachtet, während der praktische den Gegenstand in concreto, in particulari, mit seinen Umständen berühre. Denn es kann spekulativen Zweifel dort geben, wo man die Umstände auf das genaueste angiebt; der Unterschied ist vielmehr dahin zu verlegen, dass wir das dubium practicum als praxeos directio (Laymann Th. M. de consc. c. 5. n. 2) auffassen und mit Becanus da finden, „quando quis in ipso exercitio actionis ita est dispositus, ut non judicet se bene agere, sed dubius sit," und den spekulativen dort erkennen, „quando quis extra exercitium dubitat, an hoc vel illud sit licitum necne." (Act. hum. c. 4. q. 8. n. 1.) — Das dubium juris bezieht sich auf die Existenz, Ausdehnung, Erklärung, Anwendung eines Gesetzes, das dubium facti aber auf eine Thatsache, welche die Verpflichtung begründet oder aufhebt, auf Erfüllung, Dispensation.

Endlich müssen wir noch den Unterschied des Zweifels de licito und de valido erwähnen. Bei jenem handelt es sich um die sittliche Erlaubtheit einer Handlung, bei dem über die Giltigkeit, de valido, aber um die Frage, ob eine Handlung geeignet sei, einen bestimmten Zweck zu erreichen. Da dieser Unterschied von principieller Bedeutung ist, so werden wir im zweiten Teile näher auf ihn eingehen (II. Teil § 2. n. III.).

Damit haben wir die Aufgabe erledigt, den Zustand der Gewissheit, der Meinung und des Zweifels darzulegen. Bevor wir aber diesen ersten Teil, welcher die Exposition der Begriffe, mit denen wir operieren, enthält, beschliessen, ist noch einer zu erörtern, welcher zu den oben behandelten sich zwar disparat verhält, aber für die Lösung unseres Vorhabens von grundlegender Bedeutung ist. Es ist das der Begriff des Tutum, des Sicheren.

§ 5. Das Sichere (Tutum).

Dieser Begriff schliesst als allgemeinstes Merkmal das Entferntsein von einem Übel und der Gefahr desselben, das Geschütztsein vor einem Übel und dessen Gefahr ein. Da nun der Irrtum ein Übel des Verstandes ist, so erklärt sich leicht, wie man in der deutschen Sprache den Ausdruck sicher identisch mit gewiss fassen kann, im Sinne von geschützt vor dem Irrtum und der Gefahr desselben.

Im ethischen Sinne angewendet wird es analog die Bedeutung von Geschütztheit vor dem sittlichen Übel und seiner Gefahr, d. h. vor der Sünde und der Gefahr derselben haben. Man ist dann aber vor der Sünde und der Gefahr derselben geschützt, wenn man der bestimmt erkannten Wahrheit folgt, der recta ratio, dem, was im Einklang mit dem göttlichen Willen steht, denn derjenige sündigt nicht, dessen Handlung übereinstimmt mit dem göttlichen Willen.

Nun ist es aber ebenso Gottes Wille und Ordnung, dass der Mensch frei ist, als dass ein Gesetz in einem bestimmten Falle ihn bindet.

Daraus folgt, dass man nicht ohne weiteres jene Meinung, welche für die Existenz eines Gesetzes und seine Verpflichtung spricht, die allein sichere nennen dürfe. Das Sichere, der sichere Teil, die pars tuta kann sowohl die Ordnung des Gesetzes als die der Freiheit sein.

Ein anderes aber ist es, was man unter der opinio tutior, der sichereren Meinung versteht. Diese ist nach dem Sprachgebrauche der Moralisten die Meinung, welche für das Gesetz spricht; jene für die Freiheit ist analog die minus tuta. Diese Benennung ist auch begründet. Denn macht man im Falle eines Zweifels über Gesetz und Verpflichtung die Annahme, das Gesetz existiere und verpflichte, und handelt demgemäss, so hat man sich der Gefahr, eine Sünde zu begehen, entzogen, ist gesichert und geschützt vor derselben. Aber abgesehen davon, dass die tutior praktisch oft die Gefahr der Sünde nahelegt, wegen der Schwierigkeit sie zu befolgen, ist wieder hier zu bemerken, dass die minus tuta der tutior gegenüber nicht sofort aufhört eine wahre Sicherheit zu bieten, ebensowenig als die minus probabilis durch die entgegenstehende wahrscheinlichere Meinung ihre Probabilität allzeit verliert. Daraus folgt, dass man die weniger sichere Meinung der tutior vorziehen kann. Ob man es darf, ist eine Frage, welche an anderer Stelle zu erörtern ist.

Wenn wir nun die eben behandelten Begriffe tutum, tutior, minus tuta opinio mit den vorher dargelegten vergleichen, so wird sich sofort ergeben, dass dem tutum das certum, der tutior die probabilior, der minus tuta die minus probabilis entspricht.

einen bestimmten Zweck zu erreichen, oder es fragt sich, welche unter mehreren dazu geeignet sei. Das Tutum, auf diese Fälle angewandt, wird die Bedeutung des Geschütztseins vor dem Übel der Nichterreichung des Zweckes haben. Das sichere (certum) Mittel ist zugleich das tutum, weil man dann davor geschützt ist, den Zweck zu verfehlen, wenn man dasjenige Mittel anwendet, welches gewiss jenen erreicht.

Wenn man zweifelt, ob eine Handlung notwendiges Mittel zur Erreichung eines sicheren Zweckes sei, ist offenbar die bejahende Meinung die tutior, mag sie magis oder minus probabilis sein. Man ist dann mehr davor geschützt, den Zweck zu verfehlen, wenn man das ungewisse Mittel anwendet, als wenn man dies unterlässt.

Wenn wieder ein gewisses Mittel nicht vorliegt, sich mehrere Handlungen probabiliter als Mittel darbieten, so ist diejenige, welche die stärkeren Motive für hat, die probabilior, zugleich die tutior.

Das Nähere hierüber ist im zweiten Teile (§ 2. n. III.) darzulegen. Für die Erörterung der Begriffe mag das Gesagte genügen.

Zweiter Teil.

Die Moralsysteme.

Wir haben als Zweck der Abhandlung angegeben, den Weg zu finden, der als der geradeste erscheint, um aus dem Zweifel zur praktischen Gewissheit zu gelangen, die Regel zur Lösung der Zweifelsfälle zu suchen, welche in sich wahr und richtig ist, gegen kein logisches oder ethisches Princip verstösst und zugleich durch die Konsequenz und Leichtigkeit der praktischen Anwendung sich empfiehlt. Es bieten sich aber, wie wir gleich anfangs bemerkten, mehrere Systeme dar, welche diese Vorzüge für sich in Anspruch nehmen. Da nun nicht alle zugleich wahr sein können, so gilt es, die einzelnen zu prüfen und das beste herauszuwählen.

Dazu ist es aber notwendig, zunächst die zur Auswahl vorgelegten Objekte kennen zu lernen, dann einen Massstab zur Beurteilung zur suchen, endlich diesen anzulegen und so die Licht- und Schattenseiten, Vorteile und Nachteile zu erkennen und durch Vergleichung und Würdigung das Beste zu finden und auszuwählen.

Wir haben also:

1) die verschiedenen Moralsysteme aufzuzählen und ihre grundlegenden Sätze anzugeben;

2) die notwendigen Principien zur Prüfung derselben, den Massstab der Auswahl darzulegen;

3) die Beurteilung der einzelnen daranzuschliessen.

§ 1. Aufzählung und Darlegung der Systeme.

1. Das System des absoluten Tutiorismus verpflichtet, wie schon sein Name sagt, die Menschen in allen Fällen des Zweifels das Sichere zu wählen. Er hat auf seine Fahne geschrieben: In omni dubio tutius est eligendum, und lehrt, man müsse stets der Meinung, welche dem Gesetze günstig ist, folgen und dürfe sich niemals, auch

nicht auf Grund der stärksten Wahrscheinlichkeit, für die Freiheit entscheiden.

2. Eine Abart davon ist der gemässigte Tutiorismus (T. mitigatus). Dieser gestattet nur dann die Freiheit zu wählen, wenn für dieselbe eine höchst wahrscheinliche Meinung spricht.

3. Der Probabiliorismus bestimmt sich dann für die Freiheit, wenn die wahrscheinlichere Meinung derselben günstig ist. Wenn die Meinung für die Freiheit ebenso wahrscheinlich oder weniger wahrscheinlich ist als jene für das Gesetz, so muss die Entscheidung zu Gunsten des letzteren getroffen werden.

4. Der Aequiprobabilismus behauptet, man dürfe sich für die Freiheit nur dann entscheiden, wenn die Meinung, welche für sie spricht, gerade so oder fast ebenso wahrscheinlich oder wahrscheinlicher ist als jene für das Gesetz.

Im Falle des Zweifels über die Erfüllung eines Gesetzes behält das Gesetz seine Verpflichtung, auch wenn die Erfüllung wahrscheinlich ist.

5. Der Grundsatz des Probabilismus lautet: In allen Zweifelsfällen, wo es sich einzig und allein um Erlaubtheit oder Unerlaubtheit handelt, um Verpflichtung oder Nichtverpflichtung, um Gesetz oder Freiheit, darf man sich für die Freiheit entscheiden, wenn eine opinio vere ac solide probabilis für dieselbe spricht, mag es sich nun um die Existenz oder Erfüllung eines Gesetzes handeln.

6. Der falsche Probabilismus, der Laxismus, dehnt dies auch auf die tenuiter probabilis aus oder er sagt, das Sichere zu wählen, sei ausschliesslich Sache der Vollkommenheit.

7. Ausserdem gibt es noch einige Eklektiker, welche von jedem etwas entlehnen. (Vgl. Bouquillon, Theol. fund. mor. Tr. de consc. p. 519.)

Einige sind Anhänger des Tutiorismus, sofern es sich um das Naturgesetz handelt, Aequiprobabilisten, wenn der Zweifel sich auf das positive göttliche und menschliche Gesetz bezieht. (So Rosmini, Trattato della coscienza morale lib. III. sez. II. c. 34. Grassi, Theol. mor. de consc. n. 4.)

Andere sind Aequiprobabilisten, wenn es sich um das göttliche, Probabilisten, wenn es sich um das menschliche, Kirchen- und Staats-Gesetz handelt. (Bonal, de consc. n. 143.)

Wieder andere vertreten den Probabilismus nur dann, wenn ein praktischer Zweifel aus einem dubium juris entsteht.

Ferner gibt es einige, welche behaupten, dass jedes Gesetz, dessen Existenz und verpflichtende Kraft probabel sei, wirklich verpflichte, nur weniger streng als ein sicheres Gesetz. Deshalb entschuldige eine geringfügige Ursache von einer solchen Verpflichtung und dieser Grund brauche um so unbedeutender zu sein, je geringer die Sicherheit der Existenz des Gesetzes wäre. Sie nennen dieses System den Probabilismus cum compensatione. (So Laloux, de act. hum. dist. 4. 5. Potton, de theoria probabilitatis.)

8. Das System der Pflichtenkollision hat Linsenmann zu seinem Urheber. Derselbe hat seine Ansicht im Lehrbuch der Moraltheologie § 34—38 und in der Tübinger theol. Quartalschrift Jahrg. 1869 und 1871 folgendermassen dargelegt: Der Mensch hat stets die Pflicht, seiner Vernunft zu folgen. Dieselbe kann ihm nun sagen, er müsse ein Gesetz erfüllen oder er hätte das begründete „Recht der individuellen Selbstbestimmung gegenüber dem rigor eines positiven Gesetzes", d. h. die Freiheit. In beiden Fällen sieht sich der Mensch einer Pflicht gegenüber gestellt: im ersten der Pflicht, das Gesetz zu erfüllen, im zweiten der Pflicht, die Freiheit zu gebrauchen; denn starke Gründe bewirken nicht blos ein Recht, sondern eine Pflicht. Deshalb ist jeder Zweifelsfall eine Pflichtenkollision und durch die Regel zu lösen, dass das höhere Gesetz den Vorzug verdiene, d. h. dass das Gesetz vernünftig zu sein und die Freiheit zu wählen dem rigor eines positiven Gesetzes gegenüber verpflichte.

§ 2. Principien zur Beurteilung der Systeme.

Unsere Aufgabe ist es nun vorerst, einen Massstab zu suchen zur Würdigung der eben aufgezählten Moralsysteme. Es sind Principien aufzustellen, die geeignet und genügend sind, um ein jedes auf seine innere Wahrheit und seinen praktischen Wert zu prüfen. Letzterer ist sofort daraus zu erkennen und danach zu beurteilen, dass die von dem System aufgestellten Regeln leicht und sicher angewendet werden können, dass sie einfach, natürlich und verständlich sind. Lässt sich das System nicht praktisch durchführen, ohne dass schlimme Folgen, Leichtsinn oder Verzweiflung sich ergeben, oder ist seine Anwendung ein neues Problem, ist es nicht klar und durchsichtig, so ist über seinen praktischen Wert dadurch sofort entschieden.

Dieser hängt aber in erster Linie ab von der theoretischen Wahrheit des Systems.

Diese verlangt, dass dasselbe zunächst nicht mit der Logik in Widerstreit gerate, ferner, da es sich hier um Fragen der Sittlichkeit handelt, dass es kein ethisches Gesetz verletzte.

Zur Beurteilung des ersten wird die Darlegung der Begriffe dienen, welche wir im ersten Teile gegeben haben.

Damit ein System vom Standpunkt der Moralität aus wahr sei, muss es aus dem Zweifel zur praktischen Sicherheit des Gewissens führen, ohne die beiden Mittelpunkte, um welche sich alles sittliche Handeln bewegt, das Verhältnis von Gesetz und Freiheit und das von Mittel und Zweck, zu verletzen.

Die Erörterung dieser drei Punkte, nämlich der praktischen Sicherheit des Gewissens, des Verhältnisses von Gesetz und Freiheit und des von Mittel und Zweck samt den Grundsätzen, welche sich daraus ableiten, wird es uns möglich machen, die ethische Wahrheit eines Systems zu würdigen. Gehen wir also an diese Aufgabe heran.

I. Die praktische Sicherheit des Gewissens.

Es ist ein Fundamentalsatz der Moral, dass es nicht erlaubt ist, mit einem praktischen Zweifel über die Erlaubtheit einer Handlung dieselbe zu setzen, wie es auch vom Standpunkte der natürlichen Ethik zugegeben wird. So sagt Cicero: „Bene praecipiunt qui vetant quidquam agere, quod dubitant aequum sit an iniquum.“ (de off. 9, 30.) Und Kant bemerkt in seiner Logik (ed. Jäsche Einl. IX.): „Was insbesondere die Gegenstände des praktischen Vernunfterkenntnisses in der Moral — die Rechte und Pflichten — betrifft, so kann in Ansehung dieser ebensowenig ein blosses Glauben stattfinden. Man muss völlig gewiss sein, ob etwas recht oder unrecht, pflichtmässig oder pflichtwidrig, erlaubt oder unerlaubt sei.“ Es bedarf keiner langen Beweise, um die Wahrheit des aufgestellten Satzes einzusehen. Es ist klar, dass derjenige, welcher zweifelt, ob eine Handlung gut oder böse, erlaubt oder unerlaubt sei, ob sie dem Willen Gottes entspreche oder widerstreite, und sie doch ausführt, gleichgiltig ist gegen Gut und Bös und sich formaliter der Gefahr der Sünde aussetzt.

Wer also handelt, muss sich ein sicheres Urteil über die Erlaubtheit seiner Handlung gebildet haben, die fides besitzen, von der Paulus (Rom. 14, 23) sagt, dass ohne sie alles Sünde sei.[1])

---

[1]) „Omne quod non est ex fide peccatum est.“ An dieser Stelle wird fides nicht im Sinne der fides christiana genommen, so dass daraus folgen würde, die Werke der Ungläubigen seien Sünde. Dem widerstreitet schon der Zusammen

Dieses sichere Urteil (certum dictamen) über den Einklang des Aktes mit der rechten Vernunft und in letzter Instanz mit der göttlichen Vernunft und dem göttlichen Willen ist eben das Gewissen, die conscientia, συνείδησις. das Resultat eines Schlusses, welcher aus der Synteresis als Obersatz, dem Spezialfall als Untersatz vollzogen wird.[1]) „Conscientia, si proprie sumatur, potentia non est, sed actus, quo scientiam nostram ad ea, quae agimus, applicamus.“ (S. Thom. 1. q. 79. a. 13. C.) Zur Erlaubtheit einer Handlung ist also, wie gezeigt wurde, praktische Sicherheit und Gewissheit notwendig. Wie muss diese nun beschaffen sein?

Zur Beantwortung dieser Frage ist es notwendig, den Unterschied von spekulativem und praktischem Verstand, spekulativer und praktischer Wahrheit und Gewissheit anzugeben. Der hl. Thomas definiert den spekulativen Verstand als jenen, „qui quod apprehendit non ordinat ad opus, sed ad solam veritatis agnitionem“, während unter dem praktischen derjenige zu verstehen sei, „qui quod apprehendit ordinat ad opus.“ (1. q. 79. a. 11.) Formalobjekt des spekulativen Verstandes ist demnach die Wahrheit als solche, die Übereinstimmung zwischen Denken und Sein, adaequatio intellectus cum re. Dagegen ist das Ziel des praktischen Verstandes nicht die Richtigkeit des Erkennens, sondern die Richtigkeit (rectitudo) des Handelns.

Da nun das Handeln dann recht ist, wenn das Ziel, worauf es gerichtet ist, recht ist, dieses aber das rechte Begehren voraussetzt, so sehen wir, wie das Formalobjekt des praktischen Verstandes, also die praktische Wahrheit die Übereinstimmung mit dem rechten Begehren (rectus appetitus) ist.

„Bonum practici intellectus non est veritas absoluta, sed confesse se habens id est concorditer ad appetitum rectum.“ (S. Thom. in Eth. Nicom. l. 6. c. 2.)

---

hang. v. 14. Sed et confido in Domino Jesu, quia nihil commune per ipsum nisi ei qui existimat quid commune esse, illi commune est. v. 23. Qui autem discernit, si manducaverit, damnatus est, quia non ex fide. — Fides, πίστις von πείθεσθαι = persuaderi, ist vielmehr an dieser Stelle die moralische Ueberzeugung, welche sich jemand über die sittliche Güte der Handlung gebildet hat, bevor er sie ausführt. (Vgl. 1. Cor. 8, 7 und 10—12.)

[1]) Hier möge es gestattet sein eine Bemerkung über den Ausdruck „probables Gewissen“ einzufügen. Wenn derselbe auch von jenen Theologen, welche ihn gebrauchen, durchaus richtig aufgefasst wird, so hat er doch schon zu zahlreichen Anfeindungen und Missverständnissen Anlass gegeben. Diese wären vermieden worden, wenn man bloss von einer „opinio probabilis“ gesprochen hätte

Nun ist aber das Begehren nur dann recht, wenn es der rechten Vernunft entspricht und in letzter Linie, wenn es mit dem göttlichen Willen im Einklang steht.

Folglich besteht die praktische Wahrheit darin, dass das menschliche Handeln dem Willen Gottes conform ist.

Jetzt sind wir in der Lage die praktische Gewissheit zu bestimmen. Die spekulative ist nichts anderes als der Besitz der spekulativen Wahrheit, der in dem festen und entschiedenen Urteil besteht, dass Erkennen und Erkenntnisgegenstand übereinstimmen, dass die Sache so sei, wie man sie erkenne und dass sie nicht anders sein könne, als man sie erkenne. — Analog besteht die praktische Gewissheit in dem Besitze der praktischen Wahrheit, d. h. in dem festen und entschiedenen Urteil, dass das Handeln übereinstimme mit dem göttlichen Willen und der göttlichen Ordnung.

Da nun das Urteil verschiedene Grade der Festigkeit zulässt, so fragen wir, welcher hier notwendig sei, m. a. W. welcher Grad von Gewissheit verlangt werde.

Es ist klar, dass in den tausend verzweigten Fällen des Lebens, bei der Beschränktheit der menschlichen Vernunft, bei den zahlreichen Faktoren, welche auf die Erkenntnis einen Einfluss ausüben, eine metaphysische oder eine physische sehr oft nicht erreichbar ist. Da aber zu unmöglichen Leistungen niemand verpflichtet werden kann, so muss die moralische Gewissheit die genügende praktische Sicherheit des Gewissens bieten, die ja davon gerade den Namen der sittlichen trägt.

„Certitudo non est similiter quaerenda in omnibus, sed in unaquaque materia secundum proprium modum. Quia vero materia prudentiae sunt singularia contingentia, circa quae sunt operationes humanae, non potest certitudo prudentiae tanta esse, quod omnino sollicitudo tollatur.“ (2. 2. q. 47. a. 9. ad 2.) Es wird also zur praktischen Sicherheit des Gewissens Gewissheit gefordert. Es genügt nicht die blosse Wahrscheinlichkeit, mag eine opinio minus oder magis probabilis vorliegen; den Fall ausgenommen, dass letztere zur unice probabilis und damit zu einer moralisch gewissen im weiteren Sinne wird, ist und bleibt die Wahrscheinlichkeit stets ein Zustand der Nichtgewissheit und wird auch in dem eben angegebenen Falle nicht zur eigentlichen und wahren Gewissheit. Wer erlaubt handeln will, muss das feste und entschiedene Urteil haben, dass seine Handlung dem göttlichen Willen nicht widerstreite, darf aber das Gegenteil nicht für möglich halten, wie es bei der Meinung, wie es bei der Probabilität der Fall ist.

Nun kann es aber sein, dass auch nach ernster und sorgfältiger Prüfung und Erwägung das Urteil über den Einklang der Handlung mit Gottes Gesetz und Willen nur Wahrscheinlichkeit besitzt, dass also die notwendige Sicherheit des Gewissens nicht gegeben ist.

In diesem Falle, wo auf direktem Wege Gewissheit nicht erlangt werden kann, darf man sich, dies ist den Probabilioristen gegenüber mit aller Entschiedenheit zu betonen, nicht mit der Wahrscheinlichkeit begnügen. Man hat die Pflicht den Weg einzuschlagen, der möglich und leicht ist und zum Ziele führt, und dieser besteht darin, dass man ein höheres, sicheres, reflexes Princip zu gewinnen sucht, um sich die nötige praktische Gewissheit zu verschaffen.

Jllustrieren wir dies durch ein Beispiel.

Jemand der im Begriffe steht, eine Handlung zu setzen, zweifelt, ob sie erlaubt sei oder ob ein Gesetz existiere, welches sie verbietet. Er hat die Pflicht nach seinen Fähigkeiten, nach seinem Können und nach der Wichtigkeit der Sache, um die es sich handelt, entsprechende Sorgfalt und Prüfung anzuwenden.

Das Ergebnis derselben ist, dass er die wahrscheinliche Meinung gewinnt, das Gesetz existiere nicht; d. h. dass er gute und stichhaltige Gründe für die Nichtexistenz desselben hat, aber immer die Möglichkeit nicht ausgeschlossen ist, dass es existiert. Daraufhin darf er noch keineswegs handeln; er hat noch nicht die erforderliche Gewissheit, das entschiedene Urteil über die Erlaubtheit seiner Handlung. Eine direkte Lösung hat sich also nicht ergeben.

Nun nimmt er ein reflexes Princip zu Hilfe, das er als gewiss erkennt, etwa, dass ein Gesetz, gegen dessen Existenz gewichtige und stichhaltige Gründe sprechen, nicht verpflichte.

Indem er nun seinen Spezialfall in diesem allgemeinen Princip, über dessen Richtigkeit wir hier noch nicht urteilen, erkennt, hat er offenbar die praktische Sicherheit, dass er durch jenes Gesetz nicht gebunden sei. Mag nun auch spekulativ betrachtet jenes Gesetz vielleicht wirklich existieren, ist er doch praktisch gewiss, dass er durch seine Handlung mit diesem Gesetze nicht in Widerspruch gerate

So ergiebt sich auch, wie spekulative Nichtgewissheit mit praktischer Gewissheit, spekulativer Irrtum mit praktischer Wahrheit vereinbar sei. „Quamvis contingat rem, circa quam versatur prudentia, aliter se habere quam prudens existimet, non idcirco tamen judicium prudentiae est falsum, quia talis falsitas non est prudentiae, sed est intellectus speculativi; judicium autem prudentiae est de re singulari, qua omnibus circumstantiis diligenter consideratis judicatur hic et nunc esse honesta et amplectenda, quod judicium propterea verum est, quia rebus ita spectatis recto appetitui est consentaneum.“ (Sylvius, Comment. in S. Thom. 2. 2. q. 67. a. 4.)

Eine Schwierigkeit bleibt uns noch zu lösen, die allerdings die Sache selbst weniger betrifft. Es könnte nämlich scheinen, als ob einige Autoren die wahrscheinliche Meinung, welche sich jemand über die Erlaubtheit seiner Handlung bildet, zur Sicherheit des Gewissens für ausreichend erklärt hätten. So sagt, um nur ein Beispiel anzuführen, (andere s. bei Ballerini, Op. theol. mor. I, 165.) Vasquez (1. 2. disp. 62. c. 5. n. 27.): „Constat ex sententia omnium ad recte operandum non esse necessarium assensum evidentem, sed sufficere probabilem.“ Darauf ist zu erwidern, dass sie mit dieser direkten Sicherheit sich nicht begnügt, sondern stets ein reflexes Princip herangezogen oder doch vorausgesetzt haben, mit dessen Hilfe sie sich die notwendige praktische Gewissheit zu erlangen versprachen. So enthalten in dem citierten Ausspruch von Vasquez die Worte „ex sententia omnium“ das Princip, dass derjenige über die sittliche Güte seiner Handlung sicher sei, der wisse, dass sie von allen für erlaubt gehalten werde.

Es ist nun einmal mit der Logik unvereinbar, dass Wahrscheinlichkeit gleich Gewissheit sei und andererseits bleibt es eine sittliche Pflicht, die wahre Sicherheit sich zu verschaffen, wenn man sie haben kann. Noch so zahlreiche Citate aus den angesehensten Autoren, welche man freilich zu dem Ende missverstehen muss, beweisen nichts gegen diese beiden zweifellosen Sätze.

Aus der obigen Darlegung erkennt man auch, wie der Satz „qui probabiliter agit prudenter agit“ zu beurteilen sei. Er ist falsch, wenn man die reflexen Principien ausschliesst und die Probabilität direkt zur Sicherheit des Gewissens ausreichend erklärt. Wir haben später noch einmal auf diesen oft berufenen Satz zurückzukommen.

So haben wir das erste Princip zur Beurteilung gewonnen, welches lautet: Um sittlich gut zu handeln, bedarf man der praktischen Sicherheit des Gewissens, d. h. des wenigstens moralisch gewissen Urteils, dass die Handlung mit dem Willen Gottes übereinstimme, mag diese Gewissheit nun direkt oder reflex gewonnen sein.

II. Das Verhältnis von Gesetz und Freiheit.

Als zweites Merkmal für die theoretische Wahrheit eines Systems haben wir oben gefunden, dass es nicht das eine Grundverhältnis der Moral, das von Gesetz und Freiheit verletzen darf. Darüber haben wir jetzt zu sprechen.

Unter Freiheit, welche wir hier dem Gesetze gegenüber stellen, verstehen wir nicht die „Herrschaft des Willens gegenüber den Gütern und Beweggründen,“ die von der Vernunft geleitete freie Wahl- und Selbstbestimmung, die libertas facti, sondern die sittliche Freiheit, die libertas juris.

Bei der Willensfreiheit beruhen die meisten Schwierigkeiten und Einwände auf mehr oder weniger freiwilligen Missverständnissen. Man fasst sie als eine unvernünftige, grundlose, durch keine Schranke eingeengte, jeder Begrenzung unfähige auf. Dann hat man leichtes Spiel zu zeigen, dass dieses Produkt der eigenen Phantasie nicht besteht und glaubt damit den Beweis erbracht zu haben, dass es überhaupt keine Freiheit des Willens gibt. So haben wir auch gleich in Bezug auf die sittliche Freiheit zu erklären, dass sie nicht im Sinne der Gesetzlosigkeit und des Libertinismus als eine unbeschränkte, unbegrenzte Willkür aufzufassen ist. — Wir sprechen vielmehr von jener Freiheit, „welche von der Vernunft geleitet, vom Glauben erleuchtet nur das Wahre und Vernunftgemässe, dem Willen Gottes Entsprechende sucht und danach ihre Wege einrichtet.“ (Rappenhöner, Allgem. Moralth. S. 174. Vgl. Leo XIII. Encyclica Libertas vom 20. Juni 1888.)

Welches ist nun das Verhältnis der Freiheit zum Gesetz?

„Libertas anterius ad legis obligationem possidet,“ antwortet Leo XIII. in der genannten Encyclica. Die Freiheit ist früher als das Gesetz.

Das Gesetz ist die Regel und das Mass der freien Handlungen. Es ist aber klar, dass dasjenige, was zu regeln und zu messen ist, früher da sein muss, ehe die Regel und das Mass an dasselbe angelegt werden kann.

„Der Mensch ist von Natur mit dem Vermögen und dem Rechte der freien Selbstbestimmung ausgestattet, im Gebrauche seiner Freiheit ist er an ethische, von Gott gewollte Normen gebunden. Er kann und soll sich aus freier Entschliessung Gott zu seinem Lebensziele setzen und durch die freie Beobachtung des Sittengesetzes sein ewiges Ziel erreichen. Das Gesetz ist wesentlich ein Mittel, welches dazu dient, den Menschen in seiner freien Thätigkeit zu Gott, seinem letzten Ziele, zu führen. In der Ordnung der Natur ist demnach die Freiheit das Frühere, das Gesetz das Spätere. Das den freien Willen bindende Gebot setzt, wenn auch nicht zeitlich, so doch logisch den Willen voraus. Im göttlichen Ratschlusse wurde zuerst der menschliche Wille mit dem Rechte der Selbstbestimmung gedacht, dann trat an diesen freien Willen die ethische Forderung heran, aus freier Entschliessung durch die Beobachtung des Gesetzes Gott als sein letztes Ziel anzustreben.“ (Kirchenlexikon s. A. Moralsysteme Bd. VIII. V. 2. a.)

Die Priorität der Freiheit vor dem Gesetz spricht auch die hl. Schrift aus: „Deus ab initio constituit hominem et reliquit illum in manu consilii sui, adjecit mandata et praecepta.“ (Eccli. 15, 14.) Dazu bemerkt der hl. Alphons: „Also hat Gott den Menschen zuerst frei erschaffen, indem er ihm nach seinem Wohlgefallen die Freiheit gab, nach den Worten des Apostels 1. Cor. 7, 37. „potestatem habens suae voluntatis“ und dann hat er die Gebote, welche der Mensch zu beobachten hat, hinzugefügt und aufgelegt. Deshalb wird die Freiheit des Menschen, da sie sicher und vor der Verpflichtung des Gesetzes im Besitzstande ist, nur durch ein sicheres Gesetz gebunden.“ (Th. M. de consc. n. 56.) Ginge die Freiheit nicht dem Gesetze voraus, so hätte Gott nur zu erklären brauchen, was uns verstattet sei. Für ein positives Gebot wäre gar kein Raum gewesen. Aber mit dem hl. Thomas ist festzuhalten, „quod illud dicitur licitum, quod nulla lege prohibetur.“ (In IV. dist. 15. q. 2. a. 4.)

So wenig wir im täglichen Leben auf Schritt und Tritt achtgeben müssen, dass unser Fuss sich nicht in ein Netz verwickele, ebensowenig brauchen wir, wo es sich um sittliches Thun handelt, allzeit zu fürchten, dass ein Gesetz unsere Handlungen hemmt. Gott ist nicht der Tyrann, der den Menschen in allem in Ketten geschlagen hat, vielmehr hat er diesem in seiner grossen Güte die Freiheit gegeben, wodurch die Ebenbildlichkeit des Menschen mit Gott sich am schönsten dokumentiert.

Betrachten wir noch den Zweck des Gesetzes. Es ist zur Leitung und Regelung der Freiheit gegeben, um sie in ihren Schranken zu halten, den Weg zum Ziele zu zeigen; das Gesetz ist Wahrheitsmitteilung, damit die Freiheit sich vernunftgemäss entfalte und so dem Menschen nicht ein Hemmnis, sondern ein Beförderungsmittel zu seinem Ziele sei.

Die Gesetze sind gegeben, alle zielen darauf ab, den Menschen frei zu machen von den Leidenschaften, verderblichen Neigungen und Unordnungen seiner Natur, und so der Einzelpersönlichkeit wie der Gesammtheit die wahre Freiheit zu verleihen. (Vgl. Leo XIII. Encycl. Libertas.)

So umschliesst den Baum seine Rinde, damit er den belebenden Saft bewahre. Der Strom verliert nichts an seiner Majestät, wenn ihn Ufer eindämmen, damit seine Wassermassen sich nicht ausdehnen, sondern das Meer erreichen.

So ist die Freiheit geordnet durch das Gesetz, dieses ist für die Freiheit da, als ihre Regel und ihr Mass.

„Freiheit ist der Zweck des Zwanges,
Wie man eine Rebe bindet,
Dass sie, statt im Staub zu kriechen,
Frei sich in die Lüfte windet.“ Dreizehnlinden.

Aus dem Begriff und Zweck des Gesetzes hat sich also ergeben, dass die Freiheit früher ist als das Gesetz. Nun gilt aber der Satz: „Potius natura potius est jure.“ Daraus folgt, dass das Recht der Freiheit vor dem des Gesetzes ist.

Wenn demnach schwerwiegende Gründe gegen das Gesetz sprechen, oder was dasselbe ist, wenn eine wahrhaft probable Meinung für die Freiheit steht, darf man sich für die Freiheit entscheiden. Gott ist ebenso der Geber der Freiheit, wie der Urheber des Gesetzes. Derselbe göttliche Wille, welcher den Menschen in manchen Dingen gebunden sehen will, verlangt oder gestattet in anderen wieder seine Freiheit. Steht also auf der einen Seite der unbestreitbare, sicher erkannte Gotteswille, dass man frei ist, auf der andern aber der zweifelhafte göttliche Wille, dass man gebunden sei, so ist man nicht verpflichtet, das gottverliehene, sichere Recht der Freiheit preiszugeben.

Hieraus folgt, dass im Falle eines positiven (strikten) Zweifels über die Erlaubtheit einer Handlung, über Existenz oder Nichtexistenz eines Gesetzes, nicht menschlicher Wille gegen den göttlichen, sondern gleichsam die göttliche Ordnung der Freiheit gegen die des Gesetzes steht. Falsch ist demnach, was Concina sagt: „Ad tribunal probabilisticum se sistunt voluntas aeterna Dei et voluntas humana.“ (Theol. dogm. — mor. I. p. 124.)

Anlass dazu hatte ihm freilich Terillus gegeben mit seinen eigentümlichen Worten: „Respondeo eandem regulam aeque favere Deo contra nos et nobis contra Deum.“ (de consc. q. 23. n. 48.)

Der wichtige Satz, den wir aus unserer Erörterung geschöpft haben, lautet:

Wenn eine wahrhaft probable Meinung für die Freiheit steht, darf man sie gebrauchen.

Hier könnte uns nun jemand unterschieben, als ob wir jeden Grund für ausreichend erachteten, um an der Existenz oder Verpflichtung eines Gesetzes zu zweifeln.

Dies ist durchaus nicht der Fall. Wenn ein Forscher eine Tafel findet, welche die Ereignisse längst vergangener Jahrhunderte berichtet, auf welcher aber einige Schriftzeichen unleserlich erscheinen, wird gewiss niemand den ganzen Inhalt deshalb wegleugnen wollen.

Ähnlich ist es in unserem Falle. Nicht jeder schwache Grund, nicht jeder leise Zweifel reicht hin, um das Gesetz unsicher zu machen. Es müssen vielmehr solche Gründe sein, wie wir sie als Probabilität bezeichnet haben, die absolut und relativ gewichtig sind, die stark in sich sind und ihre Kraft bewahren, wenn sie mit den entgegenstehenden verglichen werden.

Es ist jetzt zu untersuchen, wann von einem solchen begründeten Zweifel Rede sein kann. Zu diesem Zwecke müssen wir auf den Begriff, das Wesen und die Wirkung des Gesetzes zurückgehen.

Gesetz im allgemeinen ist jede Richtschnur, welche ein Wesen zum freien oder unfreien Handeln antreibt oder vom Handeln zurückhält. (S. Thom. 1. 2. q. 90. a. 1.)

So spricht man von Sprach- und Kunstgesetzen, wie von den Gesetzen der Natur.

Hier handeln wir von dem Gesetze als der Norm des vernunftgemässen, sittlichen Handelns, das an den Menschen mit der Forderung „du sollst“ herantritt.

Nach dem hl. Alphons ist das Gesetz „recta agendorum aut omittendorum ratio.“ (Th. M. l. 1. tr. II. n. 90.) S. Thomas definiert es als „quaedam rationis ordinatio ad bonum commune ab eo qui curam communitatis habet promulgata.“ (1. 2. q. 90. a. 4. C.)

Diese beiden Begriffsbestimmungen sind von einander verschieden, sofern die erste Gebot und Rat einschliesst, letztere nur das Gebot definiert. Denn recta ratio agendorum aut omittendorum, wie der hl. Alphons sagt, ist der göttliche Wille, der sowohl Gebot als Rat umfasst.

Man unterscheidet nun das ewige, natürliche und positive Gesetz.

Ersteres ist nach dem hl. Thomas „ratio gubernationis rerum in Deo sicut in principe universitatis existens.“ (1. 2. q. 41. a. 1. C.)

Es ist der Weltplan, die ewige Richtschnur für die Leitung und Regierung der Welt, Wurzel und Quelle aller Gesetze.

„Omnes leges in quantum participant de ratione recta, in tantum derivantur a lege aeterna. Et propter hoc Augustinus dicit in 1. de liber. arb. quod in temporali lege nihil est justum ac legitimum, quod non ex lege aeterna homines sibi derivaverunt.“ (S. Thom. 1. q. 93. a. 3. C.)

Das natürliche Sittengesetz ist die unmittelbare Mitteilung des ewigen Gesetzes an die Vernunft; weil die vernünftige Creatur in besonderer Weise der göttlichen Vorsehung untersteht, ja selbst zur Fürsorge für andere bestimmt ist, hat Gott das Licht seines Angesichtes ihr leuchten lassen: „Quis ostendit nobis bona? — Signatum est super nos lumen vultus tui, Domine.“ (Ps. 4, 67. S. Thom. 1. 2. q. 91. a. 2. C.)

Das positive Gesetz, die Erläuterung und Ergänzung des natürlichen ist entweder unmittelbar von Gott oder mittelbar durch die von ihm aufgestellten gesetzgebenden Organe, Kirche und Staat gegeben. (Lex positiva: divina — humana vel ecclesiastica vel civilis.)

Die Wirkung des Gesetzes ist die Verpflichtung. Damit es aber diese verpflichtende Kraft habe, muss es erkennbar sein, erkennbar aber wird es durch die Promulgation; ist diese erfolgt, hat es seine objektive Verpflichtung erhalten.

„Lex imponitur per modum regulae et mensurae. Regula autem et mensura imponitur per hoc quod applicatur his, quae regulantur et mensurantur. Unde ad hoc quod lex virtutem obligandi obtineat, quod est proprium legis, oportet quod applicetur hominibus, qui secundum eam regulari debent. Talis autem applicatio fit per hoc, quod in notitiam eorum deducitur ex ipsa promulgatione; unde promulgatio ipsa necessaria est ad hoc ut lex habeat suam virtutem.“ (S. Thom. 1. 2. q. 90. a. 4. C.)

Die Promulgation, welche die objektive Verpflichtung bewirkt, genügt aber noch nicht, um auch in actu secundo zu binden. Diese objektive Verpflichtung muss zur subjektiven übergehen, d. h. es muss die Notwendigkeit dem Gesetze zu folgen, von dem Subjekte erkannt sein, das es binden will, dessen Freiheit es beschränkt, bestimmt und lenkt. Hören wir auch dazu den englischen Lehrer, dessen Autorität wir in dieser grundlegenden Frage um so öfter anrufen, als unsere Gegner sich rühmen, die treuesten Schüler und Interpreten des hl. Thomas, die wahren Thomisten zu sein. „Ita se habet imperium alicujus gubernantis ad ligandum in rebus voluntariis illo modo ligationis, qui voluntati accidere potest, sicut se habet actio corporis ad ligandum res corporales necessitate coactionis, actio autem corporalis nunquam inducit necessitatem in rem aliam nisi per contactum coactionis ipsius ad rem in qua agit; unde nec ex imperio alicujus domini ligatur aliquis, nisi imperium attingat ipsum, cui imperatur, attingit autem ipsum per scientiam. Unde nullus ligatur per praeceptum aliquod nisi mediante scientia illius praecepti. Et ideo ille, qui non est capax notitiae, praecepto non ligatur, nec aliquis ignorans praeceptum Dei ligatur ad praeceptum faciendum, nisi quatenus tenetur scire praeceptum. Si autem non teneatur scire nec sciat, nullo modo ex praecepto ligatur. Sicut autem in corporalibus agens corporale non agit nisi per contactum, ita in spiritualibus praeceptum non ligat nisi per scientiam et ideo sicut est eadem vis, qua tactus agit et qua virtus agentis agit, cum tactus non agat nisi ex virtute agentis et virtus agentis nonnisi mediante tactu, ita eadem virtus est, qua praeceptum ligat et qua conscientia ligat, cum praeceptum non liget nisi per virtutem scientiae nec scientia nisi per virtutem praecepti. Unde cum conscientia nihil aliud sit quam applicatio notitiae ad actum, constat, quod conscientia ligare dicitur vi praecepti divini.“ (S. Thom. quaest. disp. q. 17. de verit. a. 3.) Damit ein Gesetz verpflichten könne, ist also notwendig, dass es erkennbar d. h. promulgiert sei, ferner dass es erkannt, der Kenntnis jenes Subjektes vermittelt sei, dessen freien Willen es binden will.

Hier ist auf einen wesentlichen Unterschied aufmerksam zu machen, der zwischen dem Forum internum und externum besteht. Man könnte sagen, vor dem äusseren Forum wird jede erwiesene Übertretung eines Gesetzes, das objektive Verpflichtung durch die Promulgation erlangt hat, geahndet. Analog wird es auch vor dem Gewissensforum so gehalten werden müssen, so dass also die subjektive Verpflichtung nicht notwendig ist. —

Vor dem äusseren Forum ist die juridische Schuld massgebend. Steht die praesumptio juris dafür, dass der Fall unter ein promulgiertes Gesetz falle, so tritt die Strafe ein. Die ignorantia juris entschuldigt nicht, nur der nicht erbrachte Beweis der Thatsache bewirkt Freisprechung. Anders aber ist es bei dem inneren (Gewissens-) Forum. Das promulgierte Gesetz verpflichtet in actu primo alle, dei unter dem Gesetzgeber stehen, ob sie es kennen oder nicht; aber unverschuldete Unwissenheit entschuldigt von formeller Sünde.

Dieser wesentliche Unterschied ist wohl begründet. Dort gilt der Satz: De internis non judicat praetor. Könnte sich jeder damit entschuldigen, er habe das Gesetz nicht gekannt, so wäre bei der Unmöglichkeit, dasselbe einem jeden einzelnen mitzuteilen, die Rechtspflege einfach unmöglich und die gesellschaftliche Ordnung zerstört. —

Hier ist aber zu beachten, dass jeder nach seinem Gewissen gerichtet wird, dass Gott, der *Καρδιογνώστης* (Act. Ap. 1,24), der Richter ist. Also ist es wahr, dass objektive und subjektive Verpflichtung zusammengehören.

Aber könnte man weiter einwenden, es gibt thatsächlich eine subjektive Verpflichtung ohne eine objektive. Wenn jemand meint, er sei gehalten etwas zu thun oder zu unterlassen, so ist die Handlung oder Unterlassung für ihn Pflicht, mag ein Gesetz darüber bestehen oder nicht.

Dies ist zuzugeben. Aber die Pflicht besteht nicht infolge des irriger Weise angenommenen Gesetzes, sondern wegen des Naturgesetzes, welches das zu thun oder zu unterlassen befiehlt, was die Vernunft gebietet.

Also ist auch von dieser Seite nicht gegen unsere Aufstellung vorzugehen.

Die Notwendigkeit der Promulgation, d. h. jenes Aktes, wodurch der Gesetzgeber seinen Willen der ihm unterstehenden Communität kundgiebt, und der Divulgation, wodurch das Gesetz der Kenntnis der Einzelnen vermittelt wird, ist für das positive Gesetz wohl allgemein zugestanden.

Schwierigkeiten bereitet bloss das ewige und das natürliche Gesetz. Man sagt, die lex aeterna verpflichtet von Ewigkeit her und das Naturgesetz ist eo ipso dadurch erkennbar gemacht, dass es als die Mitteilung des ewigen Gesetzes an die Vernunft mit dieser gegeben ist. Damit aber scheint eine unüberwindliche und entschuldbare Unkenntnis desselben ausgeschlossen.

Der erste Einwand ist nicht schwer zu lösen. Das ewige Gesetz verpflichtet von Ewigkeit her, d. h. der Weltplan ist gerade so ewig wie Gott selbst. Dieser aber verpflichtet formaliter, wenn Wesen da sind, welche er regelt und die diese Regel erkennen. S. Thomas sagt: „Aeternae divinae legis conceptus habet rationem legis aeternae secundum quod a Deo ordinatur ad gubernationem rerum ab ipso praecognitarum, (1. 2. q. 41. a. 1. ad. 2.) und der hl. Alphons bemerkt hierzu: „Adverte: rerum ab ipso praecognitarum. Itaque prioritate rationis prius a Deo consideratus fuit homo tamquam liber et deinde considerata fuit lex, qua homo ligandus erat.“ (Th. mor. de consc. n. 77.) Gehen wir zur zweiten Schwierigkeit und zu der Behandlung der Frage über, ob es im Naturgesetz eine unverschuldete unüberwindliche Unwissenheit gebe.

Der Rationalismus muss seinem Systeme getreu diese Frage in entschiedener Weise verneinen und konsequent die Autonomie der Vernunft proklamieren. Der Traditionalismus dagegen, welcher eine physische Notwendigkeit der Lehre und des Unterrichtes auch in sittlichen Dingen annimmt, muss dieselbe unbedingt bejahen. Calvinisten und Lutheraner geben zu, dass es eine unüberwindliche Unkenntnis des natürlichen Gesetzes gebe, leugnen aber, dass sie unverschuldet sei. Sie sagen, der Mensch steht allzeit im Banne dieser einmal gewollten und für das ganze Menschengeschlecht freiwilligen Unwissenheit und handelt darin. Darum ist alles, was er thut, Sünde.

Die Anhänger des Bajus hatten den von Alexander VIII. verurteilten Satz aufgestellt: „Tametsi detur ignorantia invincibilis juris naturae, haec in statu naturae lapsae operantem ex ipsa non excusat a peccato formali.“ (prop. 2. ex 31 ab Alex. VIII. proscriptis.)

Jansenius schreibt in seinem Werke „de statu naturae lapsae“: „Ignorantia, etiam quae necessitatis est, non voluntatis, haec est invincibilis, non caret peccato: ut dogma fidei ab antiquis traditum.“ (Tom. 2. l. 2. c. 2. titulus.) Im folgenden (c. 5.) schränkt er seine Behauptung auf die ignorantia juris und näherhin juris naturalis ein. Er sagt also, die unüberwindliche Unkenntnis des Naturgesetzes sei schuldbar und begründet dies dadurch, dass die Natur ohne Kenntnis desselben nicht zu ihrem Ziele gelangen könne; besitze sie aber dieselbe doch nicht, so könne sie von Gott nur in poenam peccati dieser beraubt worden sein.

Dem gegenüber ist die katholische Lehre:

„Una est apud omnes quoad prima principia omnibus communia et secundum rectitudinem et secundum notitiam, licet quoad propria aliqua ex communibus deducta eadem apud omnes non sit.“ (S. Thom. 1. 2. q. 94 a. 4. C.)

In den ersten und obersten Principien des Naturgesetzes ist eine unüberwindliche Unwissenheit unmöglich. Deshalb sagen die hl. Väter, dasselbe sei von Gott in die Herzen der Menschen eingepflanzt, eingeschrieben. Sie wollen indes nicht so verstanden sein, als ob sie eingeborene Ideen annähmen, sondern nur in dem Sinne, dass jene obersten Sätze sehr leicht und sehr sicher erkannt werden können und Unwissenheit darüber nicht möglich sei; wie sie auch jene Prädikate der Gotteserkenntnis beilegen.

Auch bei denjenigen Principien, die leicht aus den ersten abgeleitet werden, ist eine unüberwindliche Unkenntnis nur für kurze Zeit und bei sehr wenig gebildeten Menschen möglich. Handelt es sich um die entfernteren Folgerungen, so ist Unkenntnis möglich auch für längere Zeit, bei jenen Principien, „ad quorum judicium requiritur multa consideratio diversarum circumstantiarum, quas considerare diligenter non est cujuslibet, sed sapientum.“ (1. 2. q. 100. a. 1.) Was endlich die entferntesten Folgerungen aus den obersten Principien des Naturgesetzes angeht, so ist hier auch ein dubium publicum, d. h. ein allgemeiner Zweifel selbst bei den „sapientes“ möglich. So wird über nicht wenige Handlungen unter den Theologen die Frage controvertiert, ob dieselben lege naturali verboten seien. Der hl. Alphons führt an, nach dem hl. Thomas müsse der Richter den Angeklagten, gegen welchen die praesumptio juris steht, verurteilen, wenn er auch genau mit privater Kenntnis wisse, dass er unschuldig sei. Dieses aber bestreite der hl. Bonaventura. (Th. M. de consc. n. 174.) Es ist also für das Naturgesetz eine unüberwindliche Unkenntnis zuzugeben, aber fällt diese nicht auf Gott, den Urheber der menschlichen Natur zurück? Darauf ist zu erwidern: Auch die übrige Welt ist begrenzt, endlich und unvollkommen. Die Gründe, welche die Apologetik gegen den Pessimismus vorbringt, sind auch hier anzurufen. Wäre die vollkommene Kenntnis des Naturgesetzes zur menschlichen Natur unbedingt notwendig, so würde Gott sie gegeben haben.

Ferner ist zu bedenken, dass wir uns im Zustande der gefallenen Natur befinden, in welchem die natürlichen Gaben zwar nicht weggenommen, aber doch „verwundet“ sind.

Thatsächlich hat Gott der Schwäche der menschlichen Vernunft auch hierin nachgeholfen und das Naturgesetz, wenn auch nicht in allem einzelnen, promulgiert.

Endlich ist zu bemerken, dass der Einwand nur dann einen Schein von Recht hätte, wenn die unüberwindliche Unkenntnis zugleich verschuldet wäre. Das aber ist falsch. Nur demjenigen Willen Gottes haben wir uns unter Sünde zu conformieren, der uns als Befehl kundgethan und offenbar geworden ist. Diese Offenbarung geschieht aber durch die Vernunft. Deshalb heisst das oberste Princip des natürlichen Sittengesetzes für uns genau gesprochen nicht: Das Gute müssen wir thun, das Böse lassen, sondern vielmehr: „Was wir als gut und notwendig zu thun erkennen, müssen wir thun, und was die Vernunft als böse, als zu fliehen erkennt, ist zu meiden.“

Darum ist auch jener, der irrtümlich die Pflicht, etwas zu thun oder zu lassen, erkennt, gehalten, der Vernunft zu folgen.

Es sind also auch im Naturgesetze Fälle der Unwissenheit und der Ungewissheit möglich und thatsächlich, ohne dass sie der Vollkommenheit Gottes Eintrag thun.

Ist aber ein Zweifel, eine unverschuldete, unüberwindliche Unkenntnis gegeben, dann gilt auch vom Naturgesetze, dass es nicht verpflichtet, weil die Erkenntnis fehlt.

Fassen wir das bisher gewonnene Resultat kurz zusammen: Die Wirkung eines Gesetzes ist die Verpflichtung. Diese kann es aber nicht hervorbringen, wenn es nicht erkennbar und erkannt ist. Da nun nichts ohne „hinreichenden“ Grund ist, so bewirkt Mangel der Erkennbarkeit und Mangel der Erkenntnis des Gesetzes auch Mangel der Verpflichtung. Ein Gesetz, dessen Existenz oder verpflichtende Kraft gewichtige Gründe gegen sich hat, das also wahrhaft zweifelhaft ist, verpflichtet nicht. „Lex dubia non obligat“ und „Obligatio dubia est nulla.“

Wir haben noch eine Bemerkung über den Mangel der subjektiven Verpflichtung bei Gewissheit der objektiven anzuschliessen. Es kann nämlich sein, dass die Existenz eines Gesetzes zweifellos und sicher ist, dass jemand aber wohlbegründete Zweifel an der subjektiven Verpflichtung hat.

Es ist z. B. ein sicheres Gesetz, dass jeder zum Gebrauche der Vernunft gelangte Katholik an Sonn- und Feiertagen die hl. Messe zu hören hat. Nun lagern sich die Umstände so, dass jemand aus guten Gründen zweifelt, ob jenes objektiv sichere Gesetz für ihn verpflichtende Kraft habe.

Ein anderer hierher gehöriger Fall ist dieser, dass jemand ungewiss ist, ob er einem sicheren Gesetz Genüge geleistet, z. B. alle seine schweren Sünden gebeichtet, die auferlegte Busse verrichtet, ein sicher gemachtes Gelübde erfüllt habe. Hier ist die Existenz des Gesetzes und seine objektive Verpflichtung gewiss, zweifelhaft aber die subjektive. Hat nun jemand eine „vere ac solide“ probabilis opinio für die Erfüllung des Gesetzes, gegen die subjektive Verpflichtung, so ist er nicht gebunden. Wir werden auf diese Behauptung und die dagegen erhobenen Schwierigkeiten unten zurückkommen, wo vom Aequiprobabilismus Rede ist. —

Den Ausführungen über Gesetz und Freiheit müssen wir noch ein Wort über den bedeutsamen Unterschied von Pflicht und Rat anreihen.

Pflicht ist die Wirkung eines Gesetzes, welches dem Untergebenen eine sittliche Notwendigkeit auferlegt. Geraten aber ist jene sittliche gute Handlung, deren Unterlassung keine Sünde, deren Übung freie That des Menschen ist, ihn zu höherer Vollkommenheit erhebt und ihm einen höheren Grad der Seligkeit einbringt.

„Haec est differentia inter consilium et praeceptum, quod praeceptum importat necessitatem, consilium autem in optione ponitur ejus, cui datur.“ (S. Thom. 1. 2. q. 108. a. 4. C.)

Es kann nicht unsere Aufgabe sein, die Existenz der Räte nachzuweisen, in denen die evangelische Freiheit zu ihrer schönsten Blüte gelangt. Sie ist für jene, welche die hl. Schrift kennen und anerkennen, klar genug darin ausgesprochen. Wir verweisen nur auf Matth. 19, 16 sq. und 1. Cor. 7. Gewiss ist es nicht der „evangelische“ Geist, welcher die Räte, die Krönung der lex libertatis, verwirft.

Wir brauchen auch nicht für unseren Zweck die erhabene Bedeutung derselben für die Einzelpersönlichkeit, für Kirche und Menschheit hier darzustellen.

Es kommt uns nur darauf an festzuhalten, dass zwischen Gebot und Rat ein grundwesentlicher Unterschied besteht, welchem auch in den Anforderungen, welche wir an andere stellen, unbedingt Rechnung getragen werden muss.

Das Princip, welches wir aus der Darlegung des Verhältnisses von Gesetz und Freiheit gewonnen haben, lautet:

„Das Gesetz, gegen dessen objektive oder subjektive Verpflichtung ein wohlbegründeter Zweifel steht, bindet nicht.

Die Freiheit, für welche eine vera et solida probabilitas spricht, ist nicht gebunden.“

III. Mittel und Zweck.

Häufig kommt das Verhältnis von Gesetz und Freiheit im sittlichen Leben in Frage, und man zweifelt, welchem von beiden in einem bestimmten Falle der Vorzug gebühre.

Oft aber handelt es sich um ein anderes Verhältnis, nämlich um das von Mittel und Zweck. Es fragt sich, ob eine Handlung geeignet sei, einen bestimmten Zweck zu erreichen, oder es ist zweifelhaft, welche unter mehreren der Erreichung des Zweckes diene.

Im ersten Falle handelt es sich um das Licitum, im zweiten um das Validum. Beide sind wohl von einander zu scheiden, da sie vollständig getrennten Gebieten angehören, das Licitum dem moralischen, das Validum dem ontologischen Gebiete.

Bei dem ersten kommt es auf das rechte Begehren an, auf die praktische Überzeugung, dass die Handlung Gottes Gebot und Willen nicht verletze. Unüberwindliche und entschuldbare Unkenntnis entschuldigt von formeller Sünde.

Ganz anders ist es bei dem Validum. Giltig ist ein Akt, wenn die wesentlichen Erfordernisse gegeben sind, damit er seine rechtlichen oder sittlichen Wirkungen hervorbringe. Hier kann der gute Wille die Wirkung einer Handlung weder ersetzen noch verhindern. Jede Handlung hat einen finis operis, der von dem Willen, der Absicht des Handelnden nicht abhängig ist. Ebensowenig kann unverschuldete Unwissenheit oder Vergesslichkeit an der Ungiltigkeit eines Aktes etwas ändern. Das Kind ist nicht getauft, wenn der Taufende das Haupt desselben zwar mit Wasser begiesst, aber aus Unwissenheit, Vergesslichkeit, in der Verwirrung und Aufregung die Formel nicht ausspricht.

Als Schlussfolgerung aus dem Gesagten ergibt sich sofort, dass in den Fragen der „Giltigkeit" die Grundsätze, wie sie aus dem Verhältnis von Gesetz und Freiheit abgeleitet wurden, nicht zur Anwendung kommen, sondern jene, welche wir bereits bei Darlegung des Begriffes Tutum (I. § 5.) angedeutet haben.

Ist eine Handlung sicher (certe) das Mittel zu einem bestimmten Zwecke, den man zu erreichen verpflichtet ist, so hat man diese zu setzen und darf kein Mittel anwenden, welches bloss wahrscheinlich den Zweck erreichen mag. Medium certum medium tutum.

Wenn man das sichere Mittel zwar kennt, aber nicht anwenden kann, wenn mehrere wahrscheinliche sich darbieten, so hat man unter diesen jenes auszuwählen, welches die grössere Probabilität für sich hat. Hier ist also medium probabilius medium tutius.

Ist es zweifelhaft, ob eine Handlung Mittel zu einem bestimmten Zwecke sei, für welchen man ein sicheres nicht kennt oder hat, so ist die Meinung welche es bejaht, die tutior und deshalb anzuwenden, mag sie nun mehr oder weniger wahrscheinlich sein.

Die Frage, was alles in das Bereich des Validum gehört, lässt sich allgemein so beantworten: alles, was zur Erreichung eines sicheren Zweckes, den man zu erreichen zweifellos verpflichtet ist, Mittel ist oder als Mittel erscheint.

Das aber ist der Fall 1) bei Ausspendung der Sakramente und überall da, wo es sich um ein zum ewigen Heile absolut (necessitate medii) notwendiges Mittel handelt; 2) dort, wo eine sichere Pflicht der Selbstliebe, der Liebe zum Nächsten, die strenge Gerechtigkeit es fordert, einen drohenden Schaden an Seele, Leib, Eigentum, Ehre zu verhüten oder einen Vorteil zu bewirken; 3) auf dem Gebiete der Vollkommenheit.

Hat jemand freiwillig sich die Pflicht auferlegt, den Stand der Vollkommenheit zu leben, die Vollkommenheit zu erstreben, so hat er die dazu nötigen Mittel anzuwenden, muss vieles unterlassen, vieles üben, was jenen erlaubt und freigestellt ist, welche dieses Ziel sich nicht gesteckt haben. „Viam tutiorem sequi consilii est.“ (s. Alph. Th, M. de consc. n. 53.) Aber „si vis perfectus esse, vade, vende, quae habes; et da pauperibus et habebis thesaurum in coelo et veni, sequere me.“ (Matth. 19, 21.) In den aufgeführten Fällen beansprucht die tutioristische Regel ihr Recht.

Der Jäger, der zweifelt, ob das, was er sieht, ein Mensch oder ein Tier ist, darf nicht denken: es ist wahrscheinlich, dass es ein Tier ist, und dann darauf zielen. Er muss sich sicher stellen. Der Schiffer, der zweifelt, ob der Kahn unter der Menge derer, welche sich in ihm befinden, versinken wird, mag es für wahrscheinlich halten, dass es nicht geschieht: er muss das Leben derer, welche sich ihm anvertraut haben, sicher stellen.

Sieht man bei der Lektüre eines Buches wahrscheinlicher Weise einen Schaden für seine Seele voraus, so hat man dieselbe zu unterlassen, wenn nicht eine andere, zweifellose, höhere Pflicht damit kollidiert, welche die Lesung jenes Buches notwendig macht.

Damit haben wir nun auch den Grund gefunden, weshalb manche spekulativ probable Meinungen nicht praktisch werden, nicht als Direktive des Handelns verwendet werden könnnen, weshalb zuweilen die spekulative Wahrscheinlichkeit nicht in die praktische übergeht, wie dies besonders von Fällen gilt, welche die Keuschheit betreffen.

Diese sind nicht als Ausnahmen anzusehen von den Grundsätzen, welche sich aus dem Verhältnis von Gesetz und Freiheit ergeben, sondern es handelt sich hier um die zweifellose Pflicht, den leiblichen und geistigen Schaden zu verhüten, also das Sichere anzuwenden.

Dadurch gerade, dass man diese Fälle Ausnahmen genannt und als solche behandelt hat, ist den probabilistischen Grundsätzen grosser Schaden und Nachteil gebracht worden.

Validum und Licitum sind ganz und gar verschieden und beide selbstständig zu betrachten. Indem wir die spezielle Anwendung des Gesagten dem vierten (praktischen) Teile zuweisen, treten wir an die Lösung einer Schwierigkeit heran, welche gegen unsere Unterscheidung und Aufstellung erhoben werden kann.

Es lässt sich sagen: Die Beobachtung des natürlichen und positiven Sittengesetzes ist auch ein zur Seligkeit notwendiges Mittel. Die Seligkeit aber ist ein Ziel, zu dessen Erreichung man verpflichtet ist. Deshalb gelten in bezug auf die Mittel die tutioristischen Principien. Wir dürfen also, wo es sich um Erfüllung jener Gesetze handelt, die Probabilität nicht gelten lassen, sondern haben die Pflicht, das Sichere zu wählen.

Wir geben zu, dass die Befolgung des natürlichen und positiven Gesetzes ein Mittel zur Seligkeit sei. — Aber es ist sehr wohl der Unterschied der zur Seligkeit notwendigen Mittel als necessaria necessitate medii und necessitate praecepti hervorzuheben. Es ist nicht Willkür, sondern göttliche Ordnung, dass die Erreichung des letzten Zieles an Bedingungen geknüpft ist, die verwirklicht sein müssen, so dass verschuldete oder auch persönlich unverschuldete Nichterfüllung dieser Bedingungen den Ausschluss von der Seligkeit zur Folge hat. So ist die heiligmachende Gnade notwendiges Mittel, um an der ewigen Herrlichkeit teilzunehmen, und jeder, der dieselbe auch ohne persönliche Schuld nicht besitzt, geht des Besitzes verlustig. Kinder, welche in der Erbsünde sterben, können nicht zur Anschauung Gottes gelangen.

Ganz anders ist es bei jenen Mitteln, welche necessitate praecepti notwendig sind. Gewiss ist das zweifellose und sichere Gesetz zu erfüllen, und die Nichtbeobachtung desselben schliesst von der Seligkeit aus. Aber es entschuldigt die unverschuldete ignorantia juris, wie wir dies gezeigt haben.

Der Einwand beruht auf einer falschen Auffassung des Gesetzes. Dieses ist nicht ein vom Fatum uns aufgezwungenes, drückendes Joch, eine Sklavenkette, in welche wir geschmiedet sind, sondern die Direktive unserer Freiheit, nicht ihr Feind, ein Beförderungsmittel zur Erreichung unseres Zieles, das nicht so sehr die unendliche Macht und Herrschergewalt, als die unendliche Güte uns verliehen hat.

Wenn wir diese Direktive als Mass und Regel unserer Freiheit sicher erkennen, müssen wir sie anwenden, conc. Ist sie aber zweifelhaft und unsicher, nego.

Auf negativem Wege lässt sich die Schwierigkeit also heben: Die Nichtbeobachtung des natürlichen und positiven Gesetzes ist ein Hindernis für die Erreichung der Seligkeit, dist.: die des sicheren und zweifellosen, conc., die des zweifelhaften, subdist.: bei verschuldeter und überwindlicher Unwissenheit, conc., bei unverschuldeter unüberwindlicher Unwissenheit, welche wir doch stets supponieren, nego.

Stellen wir zum Schlusse wieder das Princip heraus, welches die Betrachtung des Verhältnisses von Mittel und Zweck ergeben hat. Es lautet: „In allen Zweifelsfällen, wo es sich um die Erreichung eines bestimmten, notwendigen Zweckes handelt, hat man die sicherere Meinung anzuwenden.“

Jetzt sind wir in der Lage mit Hilfe der logischen, ethischen und praktischen Principien an die Würdigung der Moralsysteme heranzutreten.

§ 3. Beurteilung der Moralsysteme.

1. Der absolute Tutiorismus.

Der absolute Tutiorismus, welcher auch Rigorismus genannt wird, hat zu seinem Fundamente den Satz, dass in jedem Zweifelsfalle das Sichere zu wählen sei. Vom spekulativen Zweifel zur praktischen Gewissheit zu gelangen, hält er für unmöglich. Wenn auch nur ein leiser Schein für das Gesetz spricht, wenn auch der höchste Grad der Wahrscheinlichkeit für die Freiheit steht, darf man sich doch nicht für diese, sondern muss sich für das Gesetz entscheiden.

Wir geben dem Systeme sein Recht zu auf dem Gebiete des Validum, wo es sich um Mittel und Zweck handelt und haben selbst für dieses Verhältnis den Satz als Regel und Richtschnur entwickelt: „In dubio de valido tutius eligendum est.“ Aber dieses Recht kann der absolute Tutiorismus nicht dort behaupten, wo Gesetz und Freiheit in Frage kommen. Sowohl Gesetz als Freiheit sind göttliche Ordnung und göttlicher Wille. Die Freiheit aber, welche begrifflich und wesentlich, also auch rechtlich dem Gesetze vorangeht, wird nicht durch ein zweifelhaftes Gesetz gebunden. Ihr sicheres Recht wird nicht durch einen leisen Grund zerstört, sondern nur durch das wenigstens moralisch gewisse Recht eines erkennbaren und erkannten

Gesetzes. Dadurch aber, dass der Tutiorismus die gottgesetzte Ordnung der Freiheit untergräbt, begeht er unter dem erheuchelten Scheine, für Gottes Ehre und Gebot zu eifern, einen Diebstahl an den von Gott selbst den Menschen verliehenen heiligen Rechten. Der Rat ist zum Gebot gemacht, der Unterschied zwischen diesen beiden in der hl. Schrift von Christus selbst so scharf getrennten Gebieten aufgehoben.

Wir machen jenen keinen Vorwurf, welche sich für ihre Person, für ihr eigenes sittliches Handeln nach jenem Systeme richten, wenn sie es vermögen. Wir weisen nur die anmassende Forderung zurück, welche auch andere zu seiner Beobachtung verpflichten will.

In der That logisch unwahr ist es, den schwächsten, unbedeutendsten Grund für ein Motiv der Gewissheit auszugeben, das Dasein eines Gesetzes und seine Verpflichtung zu behaupten, wenn nichts dafür, die stärksten Gründe dagegen sprechen. Diese Unwahrheit wird aber zur Verwegenheit. „Non est absque praesumptione, quod aliquis de ignoratis sententiam ferat et maxime, in quibus periculum exsistat,“ sagt der hl. Thomas. (quaest. disp. q. 3. de malo a. 7.)

Das aber thut der absolute Tutiorismus und mit ihm seine Geistesverwandten, der gemässigte Tutiorismus und der Probabiliorismus, so dass also auch diesen die Worte des englischen Lehrers gelten. Wir haben kaum nötig zu bemerken, dass ein System, welches die Gesetze der Logik und die Fundamentalsätze der Sittlichkeit so verwegen verletzt, praktisch wertlos, ja sogar undurchführbar und verderblich ist, indem es zur Verzweiflung führt oder, da die Extreme sich berühren, den ungezügeltsten Leichtsinn hervorruft, der sich selbst über die sichersten Gebote Gottes hinwegsetzt.

Fügen wir noch hinzu, dass Alexander VIII. in seinem Dekret „Ss. Dominus“ vom 7. Dezember 1690 die Proposition des Sinnichius: „Non licet sequi opinionem vel inter probabiles probabilissimam“ als scandalosa und periculosa verworfen hat. So erkennen wir, wie auch von seiten der kirchlichen Autorität dem Systeme das Urteil gesprochen ist.

Die Wurzel, aus welcher es emporgesprossen, ist die Irrlehre des Jansenismus. Dieser behauptet, dass jede materielle Gesetzesübertretung Schuld und Strafe bewirke, dass einige Gebote unmöglich beobachtet werden könnten, dass auch die Gnade fehle, wodurch ihre Beobachtung möglich wäre. Prop. 1. Jansenii (verurteilt von Innoc. X.): „Aliqua Dei praecepta hominibus justis volentibus et conantibus secundum praesentes, quas habent, vires sunt impossibilia; deest quoque illis gratia, qua possibilia fiant." (Denzinger, Enchir. n. 966.) Prop. 2. (verworfen von Alex. VIII.): „Tametsi detur ignorantia invincibilis juris naturae, haec in statu naturae lapsae operantem ex ipsa non excusat a peccato formali." (L. c. n. 1159.) Wir begreifen, wie aus diesen häretischen Ansichten sich ein Moralsystem herausbilden musste, welches die Unmöglichkeit der Erfüllung des göttlichen Gesetzes zum praktischen Ausdrucke brachte und als der Spross einer vergifteten Wurzel selbst wieder vergiftet war. Nur die Wahrheit kann den Menschen frei machen, auch von der Sünde. Die Lüge und Unwahrheit aber schafft die Sünde und erstickt die Tugend.

2. Der Laxismus.

Der Laxismus sagt entweder, das Sichere zu wählen sei ausschliesslich Sache der Vollkommenheit und in dieser Fassung verdient er gar keine ernstliche Berücksichtigung; denn in zahlreichen Fällen ist es zweifellose Pflicht, das Sichere zu wählen, wie wir gesehen haben. Oder seine Regel lautet, dass der geringste Grund, welcher gegen das Gesetz, seine Existenz oder Verpflichtung spricht, genüge, um dasselbe zweifelhaft zu machen und seine verpflichtende Kraft ihm abzusprechen.

Als System haben beide Aufstellungen niemals in der katholischen Theologie gegolten. Wohl haben einige Autoren einzelne laxe Sätze ausgesprochen; aber gewiss waren sie dabei von der besten Absicht geleitet. Sie sahen sich dem Rigorismus gegenübergestellt, und bekanntlich wird im Kampfe gegen ein Extrem leicht das andere erzeugt. Der Laxismus verstösst gegen die Logik, verletzt die sittlichen Grundprincipien und ist praktisch unverwertbar und verderblich.

Er ist logisch unwahr, weil er wahrscheinlich nennt, was diesen Namen nicht verdient. Wir sagten, die Probabilität sei das Gewicht der Motive, welche an sich und im Vergleiche mit den entgegenstehenden bedeutend sind und ihre Bedeutung bewahren. Nur so kann von einer opinio vere ac solide probabilis Rede sein.

Dem Laxismus aber genügen schon schwache, geringfügige Gründe, damit er eine Meinung wahrscheinlich, also wohlbegründet nennt. Damit verbinden sich die gröbsten Verstösse gegen die ethischen Grundprincipien.

Wie kann der ein praktisch sicheres Gewissen sich bilden, dem der wenigst begründete Zweifel genügt, um das Gesetz selbst zweifelhaft zu erklären, während man doch immer ein sorgfältiges Prüfen und ein Urteil über das Gewicht und die Stichhaltigkeit der Gründe, welche gegen ein Gesetz sprechen, fordern muss, um dasselbe und damit auch seine Verpflichtung zweifelhaft zu nennen. Dies zeigt zugleich, wie der Laxismus das Verhältnis von Freiheit und Gesetz verkehrt, dem letzteren sein Recht benimmt, um das einer falschen Freiheit über Gebühr zu erheben.

Damit fällt auch der Unterschied von Gebot und Rat. Während der absolute Tutiorismus dadurch fehlt, dass er den Rat zum Gebote macht, stempelt der Laxismus das Gebot zum Rate um.

Ebenso übersieht er den wichtigen Unterschied von Licitum und Validum und wendet die Grundsätze, welche für ersteres gelten, auf das Validum an. Damit hängt zusammen, dass er sofort jede spekulative Wahrscheinlichkeit auch als praktische nimmt und verwertet. —

Es versteht sich von selbst, dass dieses System nicht in der Praxis angewendet werden kann und darf. Niemand kann leichtfertig vorgehen, wo es sich um Fragen von ewiger Tragweite handelt, zumal wir schon in den öffentlichen und privaten Geschäften dieses Lebens wahrhaft begründete Meinungen verlangen, um danach unsere Handlungen einzurichten.

Mit Recht ist deshalb der Laxismus von der Kirche verurteilt worden. Innocenz XI. verwarf als eine „sententia emendicata“ den Satz: „Generatim dum probabilitate sive intrinseca sive extrinseca quantumvis tenui, modo a probabilitatis finibus non exeatur, confisi aliquid agimus, semper prudenter agimus.“ (prop. 3.)

Zu beachten ist aber, dass derselbe von seinen Vertretern nicht im Sinne des Laxismus aufgestellt wurde, indem man nämlich unter der tenuis probabilitas nicht eine scheinbare und unbegründete Wahrscheinlichkeit verstand, sondern eine solche, welche freilich einen niederen Grad einnahm, jedoch immerhin noch eine wahre genannt werden und die Zustimmung des Verstandes finden konnte.

Weil aber der Satz an grosser Ungenauigkeit leidet und leicht in laxem Sinne gedeutet werden kann, auch wegen des „semper“, da er auf dem Gebiete von Mittel und Zweck nicht gilt, hat die kirchliche Autorität ihn mit Recht verworfen.

Ausserdem verurteilte Alexander VII. am 24. September 1665 achtundzwanzig „opiniones christianae disciplinae relaxativas et animarum perniciem inferentes,“ derselbe Papst am 18. März 1666 siebenzehn andere, Innocenz XI. am 2. März 1669 fünfundsechzig Propositionen als „scandalosas et in praxi periculosas.“

3. Der gemässigte Tutiorismus.

Der gemässigte Tutiorismus (T. mitigatus), eine Abart des an erster Stelle gezeichneten absoluten, lehrt, man dürfe sich für die Freiheit nur dann entscheiden, wenn eine opinio probabilissima für sie spricht.

Als Beweis für die Erlaubtheit ihres Systems bringen seine Vertreter die Verurteilung des oben angeführten Satzes vor: „Non licet sequi opinionem vel inter probabiles probabilissimam.“ Sie folgern daraus, dass es gestattet sei, die probabilissima zu wählen.

Damit haben sie die absolute Erlaubtheit des Systems freilich bewiesen und man wird zugeben, dass jeder für seine Person Anhänger desselben sein darf, wenn es ihm möglich ist.

Da aber beginnt der Irrtum, wo man glaubt, auch andere dazu verpflichten zu dürfen und zu müssen.

Nur wenig unterscheidet sich der gemässigte Tutiorismus vom absoluten. Mit diesem verkennt er das Verhältnis von Freiheit und Gesetz und gibt dem letzteren Rechte, welche es gar nicht beansprucht.

Wie bewiesen, behauptet das Gesetz dann kein Recht, wenn wahrhaft stichhaltige Gründe dagegen sprechen. Wie kann man also den höchsten Grad der Wahrscheinlichkeit oder die höchst wahrscheinliche Meinung für die Freiheit verlangen, damit diese ihr ursprüngliches Recht geltend machen darf.

Der gemässigte Tutiorismus ist daher auch praktisch ebenso verwerflich wie der absolute. Wer das System anwendet, wird nie aus Skrupulosität und Angst herauskommen, nie zu einem „rationabile obsequium“ (Rom. 12,1.), zu einer freudigen Übung des göttlichen Gesetzes gelangen, weil ihm überall fingierte Gebote oder Verbote entgegenstarren. Schliesslich werden nur die Sünden gemehrt und an Tugend wird nichts gewonnen.

4. Der Probabiliorismus.

Dieses System sucht eine Mittelstellung zwischen Strenge und Milde einzunehmen und schmeichelt sich mit der Hoffnung, die Gegensätze zu versöhnen. Seine Lehre erhellt aus folgenden Sätzen, welche wir Antoine, einem seiner angesehensten Vertreter, entnehmen.

I. „Licet sequi opinionem minus tutam seu negantem praeceptum, quando est unice probabilis, ita ut excludat omnem formidinem saltem rationabilem peccandi.“ (Th. mor. univ. de consc. c. 4. q. 5. resp. 2.)

II. „Licet sequi opinionem minus tutam de licito, quando post debitam veritatis inquisitionem apparet certo ac valde probabilis et multo probabilior opposita, ita ut excludat dubitationem et formidinem rationabilem errandi.“ (L. c. q. 4. resp. 2.)

III. „In concursu aeque probabilium in utraque parte eligi debet pars tutior agendo secundum opinionem stantem pro praecepto.“ (L. c. q. 3.)

Dies heisst: „Ist die Meinung, welche für die Freiheit steht, unice probabilis oder multo probabilior im Vergleiche zu jener, welche für das Gesetz steht, dann und nur dann darf man sich für die Freiheit entscheiden.“

„Ist die Wahrscheinlichkeit für das Gesetz jener für die Freiheit gleich, so ist für das Gesetz einzutreten.“

Der Probabiliorismus räumt der Freiheit das Recht ein, sich dem Gesetze gegenüber zu behaupten, wenn die Meinung, welche für sie spricht, unice probabilis ist. Dies aber ist der Fall, wenn für das Gesetz gar keine oder nur ganz unbedeutende Gründe stehen. Die unice probabilis ist moralisch gewiss in weiterem Sinne, wie wir bei Darlegung der Wahrscheinlichkeit (I. § 3.) gesehen haben.

Also heisst der erste Satz des Systems:

Man darf sich für die Freiheit entscheiden, wenn sie moralisch gewisss ist.

Der zweite Satz spricht der Freiheit das Recht zu, wenn die Meinung, welche für sie spricht, multo probabilior ist als jene für das Gesetz. Da nun der Ausdruck „multo probabilior“ mehrdeutig ist, so fragen wir die Vertreter des Systems um den Sinn desselben. Antoine gibt uns diesen an, indem er erklärend hinzufügt: „ita ut excludat dubitationem et formidinem rationabilem errandi.“ (s. o. Satz II.) Es ist demnach klar, dass multo probabilior gleich moraliter certa latiore sensu ist.

Aber könnte man sagen, nicht alle fordern eine „multo“ probabilior; die probabilior für die Freiheit lässt diese in ihr Recht eintreten.

Und was bedeutet dieses „probabilior?“ Stellen wir diese Frage an Gonzalez, einen der vornehmsten Probabilioristen. Er gibt uns im Titel seines Werkes „Tractatus theologicus de recto usu opinionum probabilium“ die Antwort. Dort sagt er, man dürfe der Meinung für die Freiheit folgen, wenn sie nur wahrscheinlicher (verisimilior) sei und „idcirco ab ipso (sc. judicante) judicetur vera judicio absoluto, firmo et non fluctuante.“

Wir haben hier nicht zu beurteilen, ob dies überhaupt logisch möglich sei, es genügt zu constatieren, dass probabilior auch ohne den Beisatz „multo“ nach der Auslegung der Probabilioristen selbst im Sinne von moralisch gewiss zu verstehen sei. Der Grundgedanke des Systems ist also nach der Aufstellung und Interpretation seiner Vertreter: „Für die Freiheit darf man sich nur dann entscheiden, wenn sie gewiss ist, wenigstens eine certitudo moralis lata für sich hat. — In allen anderen Fällen ist für das Gesetz einzutreten.“ Halten wir damit die Regel des gemässigten Tutiorismus zusammen. Dieser lehrt, die Freiheit sei nur dann zu wählen, wenn für sie eine opinio probabilissima steht, d. h. im Sinne des Systems, wenn sie moralisch gewiss ist. Vergleichen wir nun die Regel des Probabiliorismus mit der des gemässigten Tutiorismus, so muss das Resultat einer unparteiischen Beurteilung dies sein, dass im Grunde die Anschauung beider dieselbe ist.

Betrachten wir jetzt die Beweise, welche für das System vorgebracht werden.

„Nach dem hl. Thomas ist Gewissheit nur insofern zu fordern, als ein Ding seiner Natur nach dazu fähig ist. In den moralischen Dingen aber kann man eine metaphysische oder physische nicht verlangen. Da genügt das Klugheitsurteil, eine unvollkommene Gewissheit. Diese aber bietet die höhere Wahrscheinlichkeit, wie Suarez sagt: „Major probabilitas est quaedam moralis certitudo, si excessus probabilitatis certus sit.“ Wozu bedarf es also reflexer Principien, um die notwendige praktische Sicherheit zu gewinnen? So stellt sich das System in einer Einfachheit und Natürlichkeit dar, welche ihm sofort die Palme zusichert.“ (Kath. Seelsorger Jahrg. 1889. 271 ff.) — Der Probabiliorismus braucht keine reflexen Principien; denn in moralischen Dingen genügt eine unvollkommene Gewissheit, wie sie die grössere Wahrscheinlichkeit bietet. Ist nicht aber dieser Satz selbst ein reflexes Princip? Ferner kennt das System nicht bloss den Fall der probabilior, sondern auch den der aeque probabilis. Wie kann hier eine Entscheidung getroffen werden ohne ein reflexes Princip? Wenn Satz und Gegensatz gleich begründet sind, dann ist es dem Verstande unmöglich, sich aus sich selbst zu entscheiden. Dazu ist notwendig die Anregung des Willens. Der Wille aber bewegt nur dazu, was ihm als Gut entgegentritt. Dem muss aber ein Erkenntnisurteil vorausgehen, d. h. es ist ein höheres Prinzip notwendig, wie wir dies im ersten Teile ausführlich dargelegt haben.

Also kann der Probabiliorismus sich weder im Falle der probabilior noch in dem der aeque probabilis ohne ein reflexes Princip entscheiden. Nun fragen wir weiter: Ist es wahr, dass die grössere Wahrscheinlichkeit sofort eine moralische Gewissheit ist?

Diese Frage ist zu verneinen. Nicht immer hebt die grössere Wahrscheinlichkeit die Probabilität des Gegenteils auf; nicht immer wird die probabilior zur unice probabilis und moraliter certa. Manchmal ist es so, und davon spricht der citierte Satz des Suarez. Oft aber, ja meistens ist und bleibt die grössere Wahrscheinlichkeit weiter nichts als Wahrscheinlichkeit; die probabilior kann ebenso gut falsch sein wie die minus probabilis. Wir haben hier nur zu wiederholen, was wir oben ausgeführt und bewiesen, dass die grössere Probabilität die kleinere nicht immer zerstöre. Es wurden die Argumente der Gegner gewürdigt und sie erwiesen sich als unstichhaltig.

Eines konnten wir dort nicht erwähnen, weil es mehr eine ethische als eine logische Schwierigkeit zum Ausdruck bringt. Wir behandeln es darum an dieser Stelle.

„Wer überwiegende Gründe hat anzunehmen, dass er seinen Freund beleidigen werde, wenn er den Feind desselben in sein Haus aufnimmt, setzt sich über die Rücksicht auf den Freund hinweg, wenn er auf untergeordnete Gründe hin es dennoch thut. In ähnlicher Weise verstösst der gegen das Gesetz der Freundschaft Gottes, der bei widerstreitenden Meinungen auf schwächere Gründe hin eine Handlung als erlaubt betrachtet.“ (l. c. p. 421)

Nach der (loc. cit.) gegebenen Interpretation ist der Freund in dem Vergleiche Gott, der Feind ist die Freiheit.

Der Satz will also sagen: Wer überwiegende Gründe dafür hat, dass er Gott beleidigen werde, wenn er die Freiheit wählt, setzt sich über die Rücksicht auf Gott hinweg, wenn er dies auf untergeordnete Gründe gestützt dennoch thut.

Vom Standpunkt der Logik aus ist hier wieder zu erinnern, dass jene „überwiegenden“ Gründe den „untergeordneten“ nicht immer ihr Gewicht nehmen, so dass also auch diese gewichtig sein können und meistens auch sind.

Eben durch die irrige Annahme, dass jede probabilior moralisch gewiss sei, und dass es keiner reflexen Principien bedürfe, verstösst der Probabiliorismus sofort gegen den ethischen Fundamentalsatz von der Notwendigkeit der praktischen Sicherheit des Gewissens. Es ist aber auch falsch, dass der Probabilist bei seinem Handeln überwiegende Gründe dafür habe, dass er Gott beleidige. Im Gegenteil, er ist gewiss, dass er Gott nicht beleidigt, wenn auch die stärkeren Gründe für die Existenz eines Gesetzes sprechen.

Das Verhältnis von Freiheit und Gesetz wird auch nicht beachtet. Die Freiheit ist kein Feind Gottes, sondern von diesem den Menschen verliehen. „Das Princip, das die späteren Probabilioristen auf ihre Fahne schrieben, nämlich dass ein zweifelhaftes Gesetz nicht verpflichte," sowie die Folgerung daraus, dass, „wer an dem Bestehen eines Gesetzes zweifelt, (was vernünftiger Weise ohne einen probablen Grund nicht geschieht,) vom Gesetze entbunden ist," (l. c. p. 421) hat bereits der hl. Thomas, der Meister der Schule, klar ausgesprochen. (1. 2. q. 90. a. 4. C. und quaest. disp. q. 17. de verit. a. 3. vergl. oben S. 46. 47.)

Damit ist auch schon die Frage nach dem praktischen Werte des Probabiliorismus beantwortet. Er kann nicht der Führer aus dem Zweifel zur Wahrheit sein, dies um so weniger, weil er dem Tutiorismus so nahe verwandt ist.

Der hl. Alphons sagt von den Anhängern dieses Systems, dass sie die Sünden durch ihre Strenge vermehrten, indem sie den sicheren Geboten Gottes unsichere hinzufügten. „Utinam Christiani leges certas servarent, quin eis addantur incertae." (Dissert. schol. mor. 1755.)

Man verweist uns auf Stellen der Schrift: z. B. „Hodie Dominus praecepit tibi, ut facias mandata haec atque judicia, ut custodias et impleas ex toto corde tuo et ex tota anima tua" (Deut. 26, 16) und „Tu mandasti mandata tua custodiri nimis." (Ps. 118, 4.)

Es ist aber klar, dass in diesen Stellen von sicher erkannten Gesetzen Rede ist. Wir fordern auch, dass der Mensch forsche über Gottes Gebot und Willen, dass er im Zweifel erst prüfe. Wollte man aber, wenn das Gesetz wahrhaft zweifelhaft bleibt, andere zur Erfüllung des unsicheren Gesetzes verpflichten, so würde es den harten Vorwurf des Heilandes verdienen, den dieser den Pharisäern macht: „Et vobis legis peritis vae! quia oneratis homines oneribus, quae tolerare non possunt." (Luc. 11, 46.)

Es werden auch die Worte Christi herangezogen: „Quam angusta porta et arcta via est, quae ducit ad vitam et pauci sunt, qui inveniunt eam." (Matth. 7, 14.)

Es ist jedoch jedem Menschen und zumal dem Priester nur zu wohl bekannt, durch die eigene und fremde Erfahrung reichlich bestätigt, wie oft von den Menschen die sichersten und unzweifelhaftesten Gesetze Gottes übertreten werden, wie jeder sich ernstlich Mühe geben muss, um nicht in die Sünde zu fallen.

Es ist nicht recht, den Menschen Pflichten aufzuerlegen, die Gott nicht gegeben, und durch diese menschlichen Ketten die Gottesgabe der Freiheit zu fesseln.

„Ne addas quidquam verbis illius (sc. Dei) et arguaris, inveniarisque mendax.“ (Prov. 30, 6.)

Der praktische Unwert des Probabiliorismus zeigt sich auch darin, dass es unmöglich ist, die einzelnen Meinungen so genau abzuwägen, dass mit Sicherheit die probabilior erkannt werden könnte. Was dem einen probabler erscheint, hält der andere für minder wahrscheinlich.

So wird durch die Regel des Systems zu subjektiven Meinungen und Verirrungen Anlass gegeben, und eine einheitliche Verwaltung des hl. Busssakramentes unmöglich gemacht. „Es ist eben ein Abwägen der Gründe, um zu erkennen, auf welcher Seite die besseren stehen, aus Mangel an Einsicht und Begabung den Allerwenigsten möglich und selbst bei den Gelehrten, die zu einer derartigen Arbeit befähigt sind, wird das Urteil von den subjektiven, stets wechselnden Gemütsstimmungen beeinflusst; was der eine für besser, das hält der andere für minder gut begründet; und was jemanden heute probabel erscheint, das däucht ihm morgen probabler.“ (Kirchenlexikon s. A. Moralsysteme. Bd. VIII. n. IV.)[1]

Fügen wir der Beurteilung des Systems noch eines hinzu: wir können nicht sagen, dass der Probabiliorismus von der Kirche ver-

[1]) „Probabilioria sequenda docuit me meus praeceptor; at experimento didici nihil ad praxin deservire. Quis potest omnia momenta utriusque partis librare et inde definire: hoc est minus probabile? Hoc esset onus intolerabile. Satis mihi fuit in praxi sequi sententias, quas rationabili fundamento innixas putavi, et ita credidi satisfecisse meae conscientiae absque eo quod me judicem constituerem inter minus probabilem et magis probabilem.“ (Roncaglia, Th. M. Tr. I. de act. hum. c. 2. § 4.)

Vgl. s. Alphons. Dissert. schol. mor. 1755: Ratio tertia: quia si esset obligatio sequendi probabiliora, magna interveniret differentia in observantia legis.

Ratio quarta: Quia nisi licitus esset usus benignae sententiae, omnino turbaretur ordo oboedientiae superioribus debitae.

Ratio quinta: Quia obligatio sequendi probabiliora si adesset, esset humanis viribus impar.

urteilt worden sei. Aber die Frage lässt sich aufwerfen, ob nicht der Schein einer Missbilligung durch die eindringliche Empfehlung des hl. Alphons auf ihn falle. Denn der hl. Lehrer hat eben so sehr gegen den Probabiliorismus wie gegen den Tutiorismus gekämpft. Sein hauptsächlichster Gegner war ja gerade der Probabiliorist Patuzzi. So ist es zum mindesten zweifelhaft, ob nicht auch dieses System unter dem „Jansenismus practicus“ verstanden sei, von welchem Pius IX. in der Bulle vom 7. Juli 1871 sagt, dass der hl. Alphons ihn erstickt habe.

5. *Die gemischten Systeme,*

deren Anhänger wir als Eklektiker bezeichnet haben, weil sie aus allen Systemen etwas auswählen, verletzen das Verhältnis von Gesetz und Freiheit.

Dies tritt am klarsten bei jenen hervor, welche behaupten, dass jedes wahrscheinliche Gesetz wirklich verpflichte, nur weniger streng, als ein sicheres Gesetz. Deshalb entschuldige von einer Verpflichtung eine Ursache, deren Bedeutung im Verhältnis zur Sicherheit der Existenz des Gesetzes stehe.

Es ist kaum notwendig, über dieses sogenannte System etwas zu sagen. Es ist im Grunde nichts anderes als der Tutiorismus in seiner Unwahrheit und Anmassung, nur verdeckt und verhüllt durch einen Beisatz, der ebenso willkürlich als praktisch wertlos ist. Seine Erfinder nennen es „Probabilismus cum compensatione.“ Mit Recht gibt ihm Bouquillon (Th. mor. fund. de consc. p. 519.) den Namen „Tutiorismus cum limitatione.“

Nicht besser steht es um die anderen. Inkonsequenz, Unwahrheit und praktische Wertlosigkeit ist ihre Signatur. Wir haben gezeigt, dass die Freiheit ihr Recht behaupte gegen jedes wahrhaft zweifelhafte Gesetz, mag es natürliches oder positives, göttliches oder menschliches sein. Deshalb fehlen jene, welche für das Naturgesetz die Anwendung des tutioristischen Grundsatzes fordern, für das positive die Regel des Aequiprobabilismus zulassen; gerade so jene, welche das letztgenannte System in Zweifelsfällen über das göttliche, den Probabilismus in jenen über das menschliche Gesetz anwenden wollen.

6. *Das System der Pflichtenkollision*

gipfelt in folgenden Sätzen: Der Mensch hat stets die Pflicht, vernünftig zu sein. Sagt nun die Vernunft, dass in einem gegebenen

Falle gewichtige Gründe vorhanden seien, von der Strenge eines positiven Gesetzes abzugehen, sich gegen dasselbe zu entscheiden, so hat man das Recht, und weil wichtige Motive eine Pflicht bewirken, die Pflicht, seine Freiheit dem Gesetze gegenüber zu wahren. Darum handelt es sich in einem Zweifelsfalle nicht um Verpflichtung und Nichtverpflichtung, sondern es stehen sich Pflicht und Pflicht gegenüber. Diese Pflichtenkollision ist dadurch zu lösen, dass wir dem höheren Gesetze unserer Vernunft folgen, die uns lehrt, mit einer gewissen Freiheit und nach der persönlichen Überzeugung die Vorschriften des Gesetzes zu erfüllen. —

Gewiss hat der Mensch die Pflicht, vernünftig zu sein, der Stimme der Vernunft zu folgen. Wenn es nun als vernünftig erscheint, dass man der Freiheit folgen dürfe, hat man das Recht dazu.

Mit diesem Satze ist genau das ausgesprochen, was wir über das Verhältnis von Gesetz und Freiheit gesagt haben. Es gibt eine göttliche Ordnung des Gesetzes und eine göttliche Ordnung der Freiheit. Letztere ist natura prior, also jure potior und immer dort anzunehmen, wo sie nicht durch ein sicheres (moralisch gewisses) Gesetz aus ihrem Besitze verdrängt ist. Ist daher die Freiheit wahrhaft probabel, ist ihre Annahme vernünftig und wohlbegründet, so dürfen wir sie wählen.

Dem widerstreitet der Urheber des Systems nicht. Aber er geht weiter und sagt, wir m ü s s e n sie wählen. Und worauf stützt er diese Behauptung? Weil starke Gründe nicht bloss ein Recht, sondern eine Pflicht erzeugen, weil wir verpflichtet sind, ein wohlbegründetes Recht zu benützen, um vernünftig zu handeln.

Wie aber, wenn jemand im vollen Bewusstsein seiner Nichtverpflichtung im einzelnen Fall, obwohl er klar erkennt, dass er frei sei und das Gesetz nicht zu erfüllen brauche, freiwillig das Opfer seiner Freiheit bringt, sich selbst eine Pflicht schafft, wo zuvor keine war und zwar aus höheren Motiven? Handelt er etwa unvernünftig? Niemand wird sagen, dass einer nicht bloss das Recht, sondern auch die Pflicht habe, der Welt zu entsagen, die Einsamkeit des Klosters aufzusuchen, wenn er starke Motive dazu hat. Wird jener Satz konsequent durchgeführt, so ist der Rat zum Gebote geworden. Wir geben zu, dass jeder, der vernünftiger Weise urteilt, es für wahrscheinlich hält, dass er frei und nicht verpflichtet sei, danach sich richten kann und darf. Das aber kann nicht eingeräumt werden, dass es in diesem Falle Pflicht sei, dies zu thun. Deshalb kann auch von einer Pflichtenkollision keine Rede sein. In einer solchen handelt es sich um zwei sichere Pflichten, hier aber um Verpflichtung und Nichtverpflichtung.

Gegen unsere Auffassung macht aber der Urheber des Systems eine Schwierigkeit. Er sagt: Wenn es im Zweifelsfalle über ein Gesetz besser und vollkommener ist, für das Gesetz einzutreten, aber auch nicht schlecht, die Freiheit zu wählen, dann ist letzteres weder gut noch schlecht, also indifferent. Es müssten also in concreto indifferente Handlungen angenommen werden.

Darauf ist einmal zu erwidern, dass die grössere sittliche Güte des einen Teils die des andern nicht zerstört, so dass er anfinge schlecht zu werden oder aufhörte gut zu sein. Er behält seine Güte bei und wird nicht indifferent. Wäre das nicht der Fall, dann würde eine verschwindende Zahl menschlicher Handlungen sittlich gut sein; dann müsste man stets das Vollkommnere wählen. Rat und Gebot wären in ihrem wesentlichen Unterschiede vernichtet. Die Worte des Apostels könnten nicht bestehen: „Qui matrimonio jungit virginem suam, bene facit, et qui non jungit, melius facit" (1. Cor. 7, 38.), wo „bene" gewiss nicht so viel als „indifferenter" oder gar „male" bedeutet. Beide Teile können wahrhaft gut sein, wenn auch ihre sittliche Güte nicht gleich ist.

Ferner ist zu beachten, dass eine objektiv indifferente Handlung diese Indifferenz verliert, wenn sie in concreto von einem Menschen gesetzt wird. Wäre es also wirklich objektiv indifferent, die Freiheit im angegebenen Falle zu wählen, so würde doch die thatsächliche Wahl, wie sie in concreto vorgenommen wird, nicht indifferent sein. — Wenn der Mensch auf Grund einer vera et solida probabilitas sich gegen ein zweifelhaftes Gesetz entscheidet, die göttliche Ordnung der Freiheit wählt, dann steht sein Handeln im Einklang mit der rechten Vernunft und stimmt mit dem göttlichen Willen überein, ist folglich gut. Wählt er in diesem Falle die Verpflichtung und zwar freiwillig, aus höheren Motiven, so ist dieses Opfer der Freiheit gewiss vernünftig, harmoniert mit dem Willen Gottes, ist folglich gut, ja sogar ein bonum melius, weil der Mensch in diesem Falle ein supererogatorium leistet.

Nehmen wir ein Beispiel zu Hilfe. Iemand ist entschlossen, zu einem Vergnügen zu gehen. Da kommen ihm Zweifel, ob es am Ende seinem Stande entspreche, ob es ihm erlaubt sei. Er findet aber keinen entscheidenden Grund dafür, weshalb es verboten sein sollte. Also darf er jenes Vergnügen aufsuchen. Und benützt er es in der rechten Weise und Absicht, wird niemand sagen, er habe etwas Schlechtes oder Indifferentes gethan, — er hat einen sittlich guten Akt gesetzt.

Würde er aber freiwillig auf den Genuss jener Freude verzichtet haben, um sich ganz sicher zu stellen, so hätte er gewiss auch etwas Gutes vollbracht und zwar etwas, wozu er nicht verpflichtet war, also ein bonum melius erwählt. — (Vgl. Lehmkuhl, Th. Mor. I. 36. 81.)

Wie ist es aber gekommen, dass der Urheber des Systems bei der klaren Auffassung des Verhältnisses von Freiheit und Gesetz zu diesen Schlussfolgerungen gelangte?

Dies ist dadurch geschehen, dass er das Objekt der Zweifelsfälle zu eng fasst. Er spricht nur von positiven Gesetzen, welche im Laufe der Zeiten, im Wechsel der Verhältnisse unnütz, unbrauchbar und wertlos geworden sind und dadurch ihre verpflichtende Kraft verloren haben. Dies ist nur vom menschlichen Gesetz zu verstehen. — Nun aber verpflichtet jedes zweifelhafte Gesetz nicht, sei es dass es nicht erkennbar oder der Erkenntnis nicht vermittelt ist. Dies gilt nicht bloss vom menschlichen, sondern auch vom göttlichen Gesetz; nicht nur vom positiven, sondern auch vom natürlichen. —

Aber, sagt Linsenmann, im Naturgesetz würde die Durchführung der eben gegebenen Schlussfolgerungen nur eine Epikie bedeuten oder eine Dispens voraussetzen. —

Eine Epikie ist nur gegeben, wenn ein sicheres, zweifelloses Gesetz vorliegt, von dem man in einem einzelnen Falle annimmt, dass es für diesen nach der Absicht des Gesetzgebers nicht verpflichte. Es setzt dies voraus, dass nicht alle möglichen Fälle vorhergesehen sind und nicht für jeden Einzelfall ein genau formuliertes Gesetz erlassen werden kann.

Es leuchtet ein, dass bei dem Naturgesetz von Epikie keine Rede ist. Dasselbe ist von Gott gegeben, der alles vorher sieht. Es ist nicht in bestimmten Formeln promulgiert, sondern lautet: Was die vernünftige Natur gebietet oder verbietet, ist zu thun oder zu unterlassen.

Da nun unsere Vernunft beschränkt, endlich ist, so sind Zweifel möglich, eine Unvollkommenheit, welche nicht Gott zum Vorwurfe gemacht werden kann. Und für diese Zweifel gilt genau dasselbe Princip wie für jedes andere Gesetz. Von Epikie ist also keine Rede; ebensowenig aber auch von einer Dispens, weil es undenkbar ist, dass man von der Pflicht vernünftig zu handeln, der Vernunft zu folgen, dispensiert und entbunden werden kann. Gott kann dem Menschen nicht erlauben, gegen seine Natur zu handeln.

Fassen wir das Urteil über das System zusammen, so müssen wir sagen: Ein Vorzug desselben liegt darin, dass es das Verhältnis von Freiheit und Gesetz zum Ausgangspunkte nimmt. Aber der Kreis, in welchem es seine Grundsätze anwendet, ist zu eng. Es schafft ferner die Pflicht, der Freiheit zu folgen, welche nicht nachgewiesen werden kann, welche den Rat zum Gebote machen würde. Von praktischem Werte kann es deswegen auch nicht sein, dies um so weniger, als wir ein System suchen, welches alle Zweifelsfälle über die Erlaubtheit einer Handlung, auf welche Art von Gesetzen sie sich beziehen mögen, in einfacher und klar verständlicher Weise löst.

7. *Der Aequiprobabilismus,*

welcher heutzutage nicht wenige Vertreter auch unter den angesehensten Theologen hat, ist von dem echten und wahren Probabilismus, wie wir ihn bald darzulegen haben, wesentlich kaum verschieden. Er stellt sich in folgenden Sätzen dar:

I. Wenn die Meinung für die Freiheit ebenso oder fast ebenso wahrscheinlich (aeque vel fere aeque probabilis) oder wahrscheinlicher ist, als jene für das Gesetz, so darf man sich für die Freiheit entscheiden.

II. Wenn die Meinung für das Gesetz certo, multo probabilior ist, als jene für die Freiheit, so hat man das Gesetz zu wählen.

III. Im Zweifel über die Cessation eines Gesetzes bei bloss wahrscheinlicher Erfüllung desselben behält das Gesetz seine Verpflichtung.

Den ersten Satz geben wir seinem Inhalt nach rückhaltslos zu. Man hat nur zu beachten, dass eine mathematische Aequiprobabilität eine Fiktion ist und niemals thatsächlich wird. Ferner ist zu bemerken, dass fere aeque probabilis im Sinne des Systems = paulo minus probabilis ist. Formell ist dagegen zu erinnern, dass die Grundsätze über Gesetz und Freiheit so nicht zum klaren Ausdruck kommen dürften. Dies ist noch mehr bei dem zweiten Satze der Fall.

Was ist unter jener multo, certo probabilior zu verstehen? Sie kann nach unseren Ausführungen (I. § 3.) als eine Meinung aufgefasst werden, welche eine wahre Probabilität der Gegenseite nicht zulässt, selbst also moralische Gewissheit (im weiteren Sinne) erlangt. Für diesen Fall ist es einzuräumen, dass dann das Gesetz in seine Rechte tritt, und steht dieser Satz dem Probabilismus nicht entgegen. Bleibt aber die der certo probabilior entgegenstehende Meinung für die Freiheit immer noch eine vere ac solide probabilis, so hat jener Satz keine Wahrheit.

Vergleichen wir mit den complicierten Regeln des Aequiprobabilismus, das einfache Princip, welches sich als notwendige Konsequenz aus der Darlegung des Verhältnisses von Gesetz und Freiheit ergab, dass die Freiheit einem wahrhaft zweifelhaften Gesetz gegenüber stets ihr ursprüngliches Recht bewahre, so muss man zugeben, dass es dem System an formeller Einfachheit gebreche. Ein Verstoss gegen jenes Verhältnis liegt aber in dem dritten Satz, dass nämlich auch im Falle der wahrscheinlichen Erfüllung eines Gesetzes dieses noch verpflichtende Kraft besitze. Dass dieses nicht richtig ist, haben wir oben (II. Teil § 2. n. II.) bewiesen. Es sind hier noch die Schwierigkeiten zu lösen, welche gegen unsere Behauptung vorgebracht werden. Dieselben beruhen auf einer falschen Gleichstellung von Gesetz und Freiheit, auf der Ansicht von der Gleichwertigkeit dieser beiden Faktoren. Deshalb sind z. B. die von Aertnys (Th. mor. p. 48 ff.) in der Widerlegung der Argumente gemachten Retorsionen, in welchen einfach für lex — libertas eingesetzt wird, nicht haltbar. Was insbesondere die dort angeführte Rechtsregel anlangt: „Omnis res, per quascunque causas nascitur, per easdem destruitur,“ so folgt daraus nicht: „sicut per notitiam certam obligatio legis nascitur, ita et per notitiam certam dissolvitur,“ sondern „ita, quando ejus notitia (obligationis scientia,) per quam nascitur, incerta evadit, dissolvitur.“

In gleicher Weise ist auch Marcs Motivierung der These, dass im Falle der bloss probablen Erfüllung die Präsumption für das Gesetz stehe, nicht annehmbar. Er sagt gleich zu Anfang „Libertatis et legis jura debent, cum par est eorum causa, haberi aequalia.“ Der Fall, cum par est eorum causa, tritt nicht ein; damit fällt auch der Schluss. Übrigens bemerkt Marc selbst am Schlusse wieder: „Libertas multo frequentius quam lex possidet.“ (Instit. Mor. p. 65. s.)

Die Freiheit ist begrifflich und wesentlich vor dem Gesetz. Letzteres hat sein Recht der Freiheit gegenüber erst zu beweisen. Gewisses Recht kann nur durch gewisses Recht gebrochen werden. Ist also das des Gesetzes positiv zweifelhaft, steht eine wahrhaft probable Meinung gegen seine objektive oder subjektive Verpflichtung, so ist die Freiheit im Besitzstande. Gewisse Verpflichtung ist mit probabler Nichtverpflichtung ebenso unvereinbar, wie Gewissheit der einen Seite mit wahrer Probabilität der entgegengesetzten.

Gegen diese Auffassung hat Müllendorff (in der Linzer Quartalschrift Jahrg. 1883, S. 573) seine Stimme erhoben. Er sagt: „Nicht jede wahrscheinliche Erfüllung eines sicheren Gesetzes vermag von jeder Verpflichtung zu entbinden; aber auch nicht jede wahrscheinliche Erfüllung ist unzulänglich, um jede weitere Verpflichtung aufzuheben.“

Im Grunde stimmt er mit unseren Ergebnissen überein, denn Fälle der strengen Gerechtigkeit, wo es sich um sichere Leistung und Gegenleistung, um Restitution eines zweifellos zugefügten Schadens handelt, allgemein, wo es notwendig und sichere Pflicht ist, einen sicheren Zweck zu erreichen, liegen ganz ausser dem Bereiche unserer Frage. Nur in der Art der Begründung weicht M. ab. Er glaubt, dass hier der Grundsatz „lex dubia non potest certam obligationem inducere“ und „obligatio dubia nulla“ keine Anwendung finden kann.

Jener gelte nur, wo es sich um Erzeugung einer Verpflichtung handele, nicht aber, wo eine bestehende Verpflichtung gelöst werden solle. —

Das müsste aber erst bewiesen werden. Quod gratis asseritur, gratis negatur. Gerade die „bestehende“ Verpflichtung ist ja der eigentliche Fragepunkt.

Dies führt uns zum zweiten Bedenken:

„Wenn man sage, die Verpflichtung sei zweifelhaft, eine zweifelhafte Verpflichtung aber sei keine, so wäre der Obersatz einmal unbegründet, weil ja ein sicher erkanntes Gesetz, also auch eine sichere Verpflichtung vorliege, dann aber auch falsch, denn eine bestehende Verpflichtung könne nicht zweifelhaft werden.“

Darauf ist zu erwidern:

1° ein sicher erkanntes Gesetz, also eine sichere Verpflichtung, dist.: eine sichere objektive Verpflichtung, conc., eine sichere subjektive Verpflichtung in allen Fällen, nego.

In jeder Epikie ist ein sicher erkanntes Gesetz, also auch eine sichere objektive Verpflichtung vorhanden. Aber die subjektive ist in Anbetracht der Umstände zweifelhaft.

2° Eine „bestehende“ Verpflichtung kann nie zweifelhaft werden, dist.: eine bestehende objektive, nego, eine bestehende subjektive: subd. wenn sie als solche erkannt ist, conc., wenn sie nicht erkannt ist, nego. Es liegt auf der Hand, dass die objektive Verpflichtung, welche besteht, zweifelhaft, ungewiss, nicht erkannt sein kann. Es ist möglich, dass z. B. Fasttag ist und dass doch jemand daran zweifelt.

Wenn eine Verpflichtung besteht und als bestehend erkannt

wird, kann sie gewiss nicht zweifelhaft werden. Sie kann aber bestehen und doch nicht als subjektive Verpflichtung erkannt sein.

Besonders wendet sich M. auch gegen die Heranziehung der „Apriorität“ der Freiheit vor dem Gesetze, um die Frage zu lösen. Dieses Verhältnis will er übrigens mit uns gewahrt wissen. Wie aber bei Beachtung desselben notwendig unsere Thesis folgt, ist oben zur Genüge dargelegt worden.

Nach seiner Überzeugung ist die ganze Lösung unserer Frage in einer vernünftigen Erklärung des Willens des Gesetzgebers zu suchen. Das Zeugnis, welches der Mensch sich gibt, Genüge geleistet zu haben, wenngleich die objektive Erfüllung ihm nicht sicher ist, reicht in vielen Fällen nach dem Willen des Gesetzgebers aus. Dieses Zeugnis aber gibt schon eine wahre Probabilität.

Wir halten also dem Aequiprobabilismus gegenüber daran fest, dass es zur konsequenten Durchführung des Verhältnisses von Freiheit und Gesetz notwendig ist, einzuräumen, die wahrhaft probable Meinung über die Erfüllung eines Gesetzes mache die Verpflichtung desselben wahrhaft zweifelhaft und löse sie somit auf.

Da der letzte Satz des äquiprobabilistischen Systems nur verhältnismässig wenige Fälle umfasst, so wird sich, wie wir schon bemerkten, zwischen diesem und dem bald zu besprechenden Probabilismus kein wesentlicher Unterschied constatieren lassen.

Eine Charakteristik beider findet sich in den Vindiciae Ballerinianae (p. 157.), welche wir hier wiedergeben, weil sie einige neue Gesichtspunkte bietet:

„Für den Aequiprobabilismus ist der Weg gezeichnet durch die Vergleichung der einander gegenüberstehenden Meinungen, und zwar zur Rechten durch die opiniones certo, multo probabiliores, zur Linken durch die opinio dubia oder tenuiter probabilis. Der einfache echte Probabilismus begnügt sich, um den nämlichen Steinen des Anstosses zu entgehen, mit der wahren und stichhaltigen Probabilität. Ersterer schreibt auf seine Fahne: Comparatione, letzterer verschmäht diesen Wahlspruch nicht. Aber er bedenkt, dass das vergleichende Abwägen der Meinungen nach der Ansicht der Fürsten der Theologie selbst eine sehr schwierige Sache ist. Es lehrt ja die Erfahrung, dass das Urteil über die grössere Wahrscheinlichkeit und die Grade derselben nach Zeiten, ja selbst nach Tagen, nach Orten und Menschen verschieden ist. Ferner haben auf diesem Wege nur wenige praktische Fragen ihre Lösung gefunden. Darum wagt es der Probabilismus nicht, den Gebrauch dieses wissenschaftlichen Mittels zum Gesetz zu machen und hält es für genügend, auf seine Fahne zu schreiben: Ratione solida et gravi.“

Dabei ist wohl zu beachten, dass der Probabilismus, wie wir sehen werden, die Beachtung des Gegenteils nicht unterlässt, die Untersuchung nicht scheut, um die Wahrheit zu erkennen, sondern gerade durch den Beisatz „solida“ zu „vera probabilitas“ dieses zum Ausdrucke bringt. Der praktische Wert des Aequiprobabilismus wird dadurch in Frage gestellt, weil er ein Abwägen der Gründe verlangt, wie es für die Praxis nicht wohl angeht und zu Verwirrungen Anlass geben dürfte.

„Dicamus ergo scapham, scapham; dicamus uno verbo licitum esse sequi opinionem, quae vere theologice ac comparative (i. e. ut a contraria non elidatur,) probabilis est.“ (Manhart, Dissert. de ingenua indole probabilismi. c. 4.)

8. *Der Probabilismus.*

Die Regel dieses Systems lautet:

In allen Zweifelsfällen, wo es sich nicht um das Validum, sondern einzig und allein um das Licitum handelt, um Gesetz und Freiheit, darf man sich für letztere entscheiden, wenn eine vere et solide probabilis opinio für sie steht, d. h. eine Meinung, die bedeutende Motive für sich hat, welche auch mit den für das Gesetz sprechenden verglichen ihr Gewicht und ihre Festigkeit bewahren.

Wir sehen, wie das System thatsächlich nichts anderes ist, als das Princip, welches sich aus der Betrachtung des Verhältnisses von Gesetz und Freiheit ergab.

Es scheidet wohl das Validum und Licitum und lässt im Bereiche des ersten dem tutioristischen Princip seine unbeschränkte Herrschaft.

Es führt zur praktischen Sicherheit des Gewissens, ohne ein sittliches Gesetz zu verletzen.

Ferner ist es leicht in seiner praktischen Anwendung, wie es wahr und einfach in seiner Regel ist. Deshalb kann es nicht zweifelhaft sein, dass wir ihm auf dem Gebiete des Licitum die Palme zuerkennen, wie wir dem tutioristischen Grundsatze auf jenem des Validum die Herrschaft eingeräumt haben.

Im folgenden geben wir nun näherhin den Beweis des Probabilismus, indem wir zeigen, wie er die einzelnen aufgestellten Principien treu festhält, und versuchen die zahlreichen gegen ihn erhobenen Schwierigkeiten zu lösen.

Dritter Teil.

Beweis und Rechtfertigung des Probabilismus.

§ 1. Innere Wahrheit und praktischer Wert des Systems.

Wer es unternimmt, dieses System zu verteidigen, könnte sich leicht durch die Menge der Vorwürfe, welche gegen dasselbe erhoben werden, einschüchtern lassen. So stellt z. B. Hegel in seiner Philosophie des Rechts (Bd. VIII. der Gesamtwerke S. 205) den Probabilismus hin als das böse Gewissen, sofern es sich den Schein des Guten vormacht und in dieser raffinierten Gestalt der Heuchelei sich selbst täuscht. — In ähnlicher Weise spricht Hofmann (Lehre vom Gewissen S. 44) von diesem System, das einem Gerson Entschuldigungsgründe an die Hand gegeben habe für seine Vergehen im Dienste der Kirche.

Es mag auch nicht gerade verwunderlich sein, wenn katholische Moralisten am Anfange dieses Jahrhunderts gegen den Probabilismus anstürmen und ihn als eine Meinung bezeichnen, welche der Vernunft ebensosehr als der Offenbarung widerspricht und allen Thorheiten und Lastern offene Bahn bricht. (Wanker, Christliche Sittenlehre, 1. Teil S. 247.) Solche groben Vorwürfe sind auf katholischer Seite verstummt. Unsere Gegner auf nicht katholischer Seite aber würden eines der beliebtesten Sujets preisgeben müssen, wollten sie sich von der Wahrheit des Systems überzeugen, eines jener Themen zum Opfer bringen müssen, welches in tausendfachen Variationen immer dankbare Zuhörer findet. (Vgl. z. B. Harnack, Dogmengeschichte, III. 641.)

Alle Einwände wenden sich gegen ein Gebilde der eigenen Phantasie und finden ihre beste Zurückweisung durch die einfache Darlegung der Wahrheit.

I. Der Probabilismus hält treu daran fest, dass man nur mit einem praktisch sicheren Gewissen handeln dürfe, dass der Mensch jene moralische Überzeugung von der Erlaubtheit seiner Handlung haben müsse, welche der Apostel in seinem Römerbrief als fides fordert.

Wohl hat man oft gegen dieses System die Anschuldigung erhoben, als gestatte es gegen das Gewissen zu handeln, doch ist dieselbe nur aus der absichtlichen oder unabsichtlichen Verkennung seiner wahren Principien hervorgegangen.

Wenn manche probabilistischen Autoren es für erlaubt erklären, mit einem probablen Gewissen zu handeln, so war freilich ihre Ausdrucksweise formell ungenau. Sie wollen damit sagen, dass sich der Mensch mit Hilfe der wahrscheinlichen Meinung ein sicheres Gewissen bilden könne.

Auf welche Weise aber kann dies geschehen?

Wo die Erkenntnis oder die Erfassung der praktischen Wahrheit, der Übereinstimmung einer Handlung mit dem göttlichen Willen, auf direktem Wege nicht angeht, hat man es auf dem reflexen zu versuchen, d. h. ein höheres, feststehendes Princip zu suchen, dem man den gegebenen Fall subsumiert.

Nun stellt der Probabilismus folgende Erwägung an: Wer nach besonnener und vernünftiger Erwägung der in Betracht kommenden Umstände in einem Zweifelsfall über die Erlaubtheit einer Handlung zu der Überzeugung gelangt, sie sei erlaubt, darf sie setzen. Dies wendet er auf den speziellen Fall an und zieht daraus die Consequenz. Oder er geht von einem objektiven Verhältnisse aus: Ein wahrhaft zweifelhaftes Gesetz verpflichtet nicht. Jenes Gesetz aber ist wahrhaft zweifelhaft, gegen dessen Existenz oder verpflichtende Kraft eine vere ac solide probabilis steht, Also. — Mit dieser Form haben wir auch eine Schwierigkeit gelöst, welche gemacht werden könnte. Es lässt sich sagen: Der Obersatz ist gewiss, dies geben wir zu. Aber die Minor ist bloss probabel. Nach den Regeln der Logik aber folgt aus einer gewissen und einer wahrscheinlichen Prämisse nur ein wahrscheinlicher Satz.

Dieser Einwand hat nur einen Schein, wenn man den Schluss in folgender Weise formuliert:

Wenn die Meinung für die Freiheit wahrhaft probabel ist, darf man sie wählen. Nun ist aber in diesem Falle die Meinung für die Freiheit wahrhaft probabel. Also. —

Aber man sieht leicht, dass auch hier die Minor ebenso sicher ist, als der Obersatz. Es ist gewiss, dass für die Freiheit absolut und relativ bedeutende Motive sprechen. Diejenigen freilich, welche die probabiliter probabilis als eine wahre und echte Wahrscheinlichkeit verteidigen (vergl. S. 19), werden sich der Schwierigkeit nicht entziehen können. Bei ihnen lautet der Untersatz: Es ist probabel, dass die Freiheit probabel ist. Also müssen sie schliessen: es ist wahrscheinlich, dass ich sie wählen darf.

Damit ist aber nur für jene die praktische Sicherheit des Gewissens gegeben, welche die wahre Probabilität direkt identisch mit Klugheit und praktischer Gewissheit setzen, eine Ansicht, welche wir unterschieden und, sofern es sich nicht um eine unice probabilis handelt, zurückgewiesen haben.

Der Weg der Reflexion, den wir eben gezeichnet haben, führt den Probabilismus sicher zu einem gewissen Urteil über die Erlaubtheit seiner Handlung.

Selbstverständlich braucht dieser Schluss nicht in jedem einzelnen Falle vorgenommen zu werden. Man kann einfach unter Anwendung eines abgekürzten Verfahrens, aber unter steter Voraussetzung des erwähnten Schlusses sagen: es ist probabel, dass diese Handlung erlaubt ist, also darf man sie setzen. Hieraus ersieht man, wie unberechtigt der Einwand ist, welcher gegen den Probabilismus erhoben wird, als gestatte er auf Grund einer blossen Wahrscheinlichkeit zu handeln. Dies ist durchaus nicht der Fall. Vielmehr richtet sich der Vorwurf gerade gegen jene, welche ihn am öftesten ausgesprochen haben, gegen die Probabilioristen.

Denn diese glauben ohne reflexe Principien einfach auf Grund einer blossen Wahrscheinlichkeit handeln zu dürfen, welche durch eine tiefe Kluft von der Gewissheit geschieden ist.

Ähnlich ist die Anfeindung des Systems von seiten des Satzes: „qui probabiliter agit, prudenter agit," abzuweisen. Zunächst dürfte durch die gegebene Darlegung der Beweis erbracht sein, dass derselbe durchaus nicht, wie Aertnys (p. 45.) sagt, „palmare Probabibilistarum principium" genannt werden kann. Es ist weiter nichts, als die abgekürzte Formel der besprochenen Erwägung, welche gezeigt hat, wie auf der Wahrscheinlichkeit mit Zuhilfenahme reflexer Principien sich praktische Gewissheit aufbaut.

Es ist falsch, wenn die Wahrscheinlichkeit direkt als praktische Gewissheit genommen wird, oder wenn probabiliter nicht in seinem vollen Sinne gefasst oder der Satz im Bereiche des Tutiorismus angewendet wird.

„Certum dictum illud: „qui probabiliter agit, prudenter agit,“ dupliciter accipi potest.

Si accipitur tanquam innixum aliis principiis reflexis, vere prudens et certum est; si vero accipitur tanquam principium directum seclusa judicii reflexione, falsum est.“ (S. Alphons. Syst. mor. n. 80.)

Wir haben also gesehen, wie das System des Probabibilismus durchaus und entschieden jenen obersten Grundsatz der Moral von der Notwendigkeit der fides (Rom. 14, 23) festhält und imstande ist, die praktische Sicherheit des Gewissens zu bieten.

II. Nicht minder wahrt der Probabilismus das Verhältnis von Freiheit und Gesetz, wie wir es als der menschlichen Vernunft und Würde und dem Willen Gottes entsprechend nachgewiesen haben. Die Regel des Systems ist genau das Princip, welches sich aus der Betrachtung jenes Verhältnisses ergab.

Die Freiheit ist wesentlich vor dem Gesetz, also auch rechtlich. Deshalb muss letzteres seine Existenz und verpflichtende Kraft dem sicheren Rechte der Freiheit gegenüber beweisen. Dieser Beweis ist aber nicht gegeben, wenn eine wahrhaft probable Meinung gegen das Gesetz spricht. In diesem Falle behauptet die Freiheit ihr gewisses und nicht erschüttertes Recht.

Es ist darum eine Verleumdung, welche man gegen den Probabilismus schleudert, wenn man ihn als Libertinismus und Anomismus bezeichnet. Zu bedauern ist nur, dass selbst die Vindices Alphonsiani sich in der Hitze des Gefechtes zu diesem Vorwurfe haben hinreissen lassen: „Quis nescit hodiedum aliam (ausser dem Jansenismus) non minus infestam pestem ubique grassari, pestem execrandi liberalismi, qui moralem independentiam invexit? Nonne itaque summa omnium dicenda esset calamitas, si et ipsi ministri Ecclesiae et maxime scriptores catholici spiritui hujus aevi faventes sub specie benignitatis hodiedum necessariae ad animas facilius a peccato retrahendas doctrinam moralem laxioribus principiis informarent?“ (Vind. Alph. I. p. 42.)

Ebenso verschwindet auch jener Einwand, dass der Probabilismus der Liebe Gottes widerstreite, weil er sich weigere, die Gebote Gottes zu erfüllen. Man hat hier zwischen den sicheren und den ungewissen, wahrhaft zweifelhaften Geboten Gottes zu unterscheiden und zugleich zu beachten, dass sowohl die Freiheit als das Gesetz von Gott gewollt und gegeben ist. Was Aberle (Tübinger Quartalschr. Jahrg. 1851 S. 372) vom Aequiprobabilismus sagt, gilt in gleicher Weise auch vom Probabibilismus.

„Es liegt ihm nichts ferner, als das allgemeine Gesetz der Unterwerfung des menschlichen Willens unter den Willen Gottes als seines höchsten Herrn und Gesetzgebers irgendwie antasten zu wollen; im Gegenteil will er denselben nur in seinem ganzen Umfange festhalten und namentlich auch da, wo vorauszusetzen ist, es sei nicht göttlicher Wille, dass ein Gebundensein durch das Gesetz eintrete. Daher hält er fest an dem Grundsatze, dass, soweit Gott will, dass der menschliche Wille durch das Gesetz gebunden sei, dieser unverbrüchliche Unterwerfung zu leisten habe, dass aber, soweit Gott diese Unterwerfung nicht will, dieselbe auch nicht gefordert werden dürfe. Dies scheint klar zu sein und keines Beweises zu bedürfen."

Einen grösseren Schein der Wahrheit gewinnt der Einwand in der Fassung:

Wer der probablen Meinung für die Freiheit folgt, setzt sich der Gefahr der Sünde aus. Denn es ist doch möglich, dass ein Gesetz existiere, gegen welches man sich auf Grund der wahrscheinlichen Meinung entscheidet, welches man also verletzt. — Derselbe hat seine Lösung gewöhnlich durch Unterscheidung der materiellen und formellen Sünde gefunden. Doch scheint dies nicht für alle Fälle auszureichen.

Der Zweifel über das Gesetz kann sich einmal auf die objektive Verpflichtung beziehen. Ist diese zweifelhaft, dann ist das Gesetz nicht genügend promulgiert. In diesem Falle kann weder von materieller noch von formeller Sünde Rede sein, weil ein nicht genügend promulgiertes Gesetz keines ist. Ist die subjektive Verpflichtung zweifelhaft, z. B. bei probabler Erfüllung eines Gesetzes, ist wohl eine materielle Sünde und Übertretung möglich, aber keine formelle, weil man sich ja nach Voraussetzung ein praktisch sicheres Gewissen gebildet hat.

Besonders aber ist zu betonen, dass der Einwand seine Spitze erst recht gegen jene wendet, welche ihn vorbringen, die Probabilioristen. Diesen bietet die grössere Wahrscheinlichkeit nicht die objektive Wahrheit; also setzen auch sie sich der Gefahr der Sünde aus. Konsequenter Weise müssten sie sich frei und offen zur Regel des Tutiorismus bekennen und stets unter dem Schein eines nur ganz schwach begründeten, eines nur irgendwie möglichen Gesetzes handeln.

Der Probabilismus unterscheidet genau zwischen bonum melius und licitum, Vollkommenheit und Pflicht, Rat und Gebot. Hier ist aber sehr wohl zu beachten, dass die casuistischen auf der Regel des Probabilismus aufgebauten Lehrbücher keine ascetischen Werke sind, sondern nur das Pflichtmässige angeben, dasjenige, was gefordert werden kann und muss. Dies hat selbst Paulsen, welcher sonst unsern Standpunkt nicht teilt, erkannt: „Zweierlei muss man übrigens hierbei nicht vergessen, erstens, dass die Moralbücher nicht bestimmt sind, den Laien in die Hand gegeben zu werden als Lehr- und Erbauungsbücher, sie dienen dem Beichtvater zur Instruktion. Zweitens, dass diese Moral nicht das Ideal, sondern das Minimum, das von jedem bei Strafe gefordert wird, formuliert. Das Ideal, auf welches die Predigt beständig hinweist, ist das Leben der Heiligen. (System der Ethik, Berlin, 1889, I. S. 135.)

Jeder Mensch hat die Pflicht rückhaltlos sich an Gott hinzugeben, jeder soll, wie der Katechismus lehrt, nach der seinem Stande entsprechenden Vollkommenheit streben, sich nicht damit begnügen, von schwerer Sünde und von Lastern sich zu enthalten. „Seid vollkommen, wie euer Vater im Himmel vollkommen ist."

Das System hält nur die übertriebenen Forderungen zurück und sagt, dass man nicht Lasten auferlegen dürfe, welche Gott nicht auferlegen will. Dieses sein Bestreben entspricht genau den Worten des Herrn z. B. Luc. 11, 46: „Et vobis legis peritis vae, quia oneratis homines oneribus, quae portare non possunt."

Es entspricht dem Rate der hl. Väter, welche Strenge gegen sich, Milde gegen andere fordern. —

Fügen wir diesem praktischen Vorzug noch einen zweiten hinzu. Dieses System allein macht eine einheitliche Verwaltung des Busssakramentes möglich. Es verlangt eine genaue Prüfung im Falle des Zweifels über das Gesetz. Bleibt dasselbe aber wahrhaft zweifelhaft, hat es gewichtige Gründe gegen sich, welche den Vergleich mit den ihm günstigen Gründen aushalten, so verpflichtet es nicht.

III. Das System des Probabilismus hält ebenso treu daran fest, dass auf dem Gebiete des Validum das Sichere zu wählen sei, und macht gar keine Ansprüche darauf, sich auch da zu behaupten, wo es sich um Mittel und Zweck handelt.

Mit dieser theoretischen Wahrheit verbindet es aber auch volle praktische Verwendbarkeit.

Wie einfach und natürlich, zugleich auch wahr und richtig ist seine Regel gegenüber anderen, welche aeque, magis, minus, dazu noch certo, notabiliter magis und minus probabilis einführen und damit nichts als begriffliche und sachliche Konfusionen bewirken.

Will man die Verwirrung auch in die Wissenschaft der Moral

hineintragen, wo es sich nicht um gelehrte Spitzfindigkeiten handelt, sondern um das unum necessarium, die wichtigste Aufgabe des Menschen, sein ewiges Heil zu erreichen?

Will man es da der doch immer mehr oder weniger subjektiven Ansicht des Einzelnen überlassen, eine Meinung mehr oder weniger wahrscheinlich zu finden?

Diese Verwirrung würde nur Ärgernis und Gefahr der Sünde bringen. Die Gläubigen würden durch eine so verschiedenartige Behandlung im Beichtstuhle nur vom Empfange des Busssakramentes zurückgeschreckt werden. Nimmt man dagegen die Regel des Probabilismus zum Massstab, so wird diese Verschiedenheit, wenn auch nicht absolut aufgehoben, so doch auf das Mindestmass beschränkt.

Nehmen wir noch hinzu, dass kein Gesetz gebietet, dem Probabiliorismus zu folgen, dass ferner das gewöhnliche Volk, wie die Praxis beweist, sich von selbst probabilistisch, d. h. vernünftig entscheidet, so dürfte wohl der Beweis für die innere Wahrheit und den praktischen Wert des Systems als erbracht anzusehen sein.

§ 2. Rechtfertigung des Probabilismus vom Standpunkt der Geschichte.

Der Probabilismus ist nur die konsequente Folgerung aus allzeit giltigen Principien und so können wir mit Recht annehmen, dass derselbe stets in der christlichen Sittenlehre praktisch verwertet worden sei.[1])

Anders aber steht es mit seiner wissenschaftlichen theoretischen Fassung und Begründung. Diese ist weder das Werk eines Jahrhunderts, noch die eines einzigen Mannes, wenn wir auch gleich hier erwähnen müssen, dass der Ruhm, diese Aufgabe vollendet zu haben, dem hl. Alphons von Liguori gebührt. Erst allmählich fand das System seine Klärung, erst nach und nach wurden die Grenzen seiner Herrschaft genau bestimmt. Licitum und Validum, Erlaubtheit und Giltigkeit wurden scharf von einander geschieden, das Verhältnis

[1]) Wenn Gregor von Nazianz zu einem Novatianer, welcher die Erlaubtheit der zweiten Ehe leugnete, sagt: „Aut rem ita se habere proba aut si nequis, ne condemnes; quodsi res dubia est, vincat humanitas et facilitas" (Or. 39. in lum. n. 19.), so können diese Worte für unser System ausgelegt werden. Ähnlich ist der Ausspruch des Theodor Studita, „er könne im Zweifel der milderen Meinung folgen." (Vgl. Hergenröther, Kgsch. Mittelalter n. 142.) Andere Beispiele bei Christ. Lupus, de consc. prob.

von Freiheit und Gesetz und jenes von Mittel und Zweck, wurden die beiden Mittelpunkte, um welche sich die Gesetze des sittlichen Lebens in getrennten Sphären bewegen.

Auch die Begründung des Systems lässt einen entschiedenen Fortschritt erkennen. Wir wollen die Art und Weise, wie man früher den Beweis führte, an einem Beispiel zeigen. In einem Buche, welches den stolzen Titel trägt: „Probabilismus methodo mathematica demonstratus“ von Pithanophilus (Pseudonym für Jeremias) finden wir (p. 15. s.) folgende 17 Argumente aufgezählt und ausgeführt:

Die Richtigkeit des Probabilismus folgt

1. ex permissiva Ecclesiae approbatione;
2. ex scholae doctrina et praxi;
3. ex prudentia operationis;
4. ex operationis securitate;
5. ex incertitudine praecepti, quae in rebus ad probabilismum spectantibus constinetur;
6. ex defectu in his rebus existentiae legis obligantis;
7. ex defectu saltem sufficientis promulgationis;
8. ex ignorantia invincibili;
9. ex possessione libertatis;
10. ex sufficientia moralis persuasionis;
11. ex submissione proprii judicii alieno judicio;
12. ex paritate in speculativis;
13. ex paritate in rebus fidei;
14. ex defectu existentiae praecepti ad probabiliorismum obligantis;
15. ex defectu saltem sufficientis promulgationis ejusdem praecepti
16. ex onere certae probationis ejusque defectu in adversariis;
17. ex absurdis.

Man sieht leicht, wie in dieser grossen Reihe von Gründen der Kernpunkt des Beweises nicht recht zur Geltung kommt

Erst nach und nach wurde der Ballast von Argumenten aus der Schrift, den Vätern, den kirchlichen Entscheidungen, der Vernunft bei Seite geschoben und der Probabilismus zeigte sich in einfacher natürlicher Gestalt, als eine Wahrheit, die in einem Satze ihren genauen Ausdruck, in einigen wenigen von der Vernunft dargebotenen Sätzen ihre Begründung fand.

Im folgenden beabsichtigen wir nicht zunächst die Geschichte des Systems darzustellen oder den Autoritätsbeweis für dasselbe zu führen, sondern es soll unsere hauptsächlichste Aufgabe sein, die bedeutendsten Schwierigkeiten und Einwände, welche vom Standpunkte der Geschichte aus gegen dasselbe erhoben werden, zu betrachten und ihre Lösung zu versuchen.

1. *Der Probabilismus bis zum hl. Alphons.*

Als derjenige, welcher die probabilistische Frage zuerst klar formuliert und den wissenschaftlichen Beweis des Systems angetreten, gilt der Dominikaner Bartholomaeus Medina († 1581). In seinem Commentar zur Summa des hl. Thomas, welchen er 1580 herausgab, schreibt er zu 1. 2. q. 19. a. 5. u. 6: „Nascitur magna quaestio, utrum teneamur sequi opinionem probabiliorem relicta probabili, an satis sit sequi opinionem probabilem."

Für diese Frage giebt er drei Resolutionen: „prima: si quis agat secundum opinionem, de qua dubitat, an sit probabilis, peccatum committit; secunda: quando utraque opinio tam propria quam opposita est aeque probabilis, licitum est indifferenter utramque sequi; tertia: aliquando tenemur agere contra propriam opinionem; e. g. confessarius tam ordinarius quam extraordinarius debet poenitentem absolvere contra propriam opinionem nec agit contra conscientiam, jam certum habet judicium, quod, quando sunt duae opiniones probabiles, licet utrique adhaerere indifferenter."

Sodann behandelt Medina die Frage, ob es bei Spendung der Sakramente erlaubt sei, „adhibere materias et formas secundum opiniones probabiles." Er erklärt es für eine schwere Sünde, dies ausser dem Falle der Not und mit Vernachlässigung der sicheren Materie und Form zu thun; dagegen für gar keine Sünde, wenn die Not dazu zwingt.

Interessant ist auch seine Lösung der schon damals umstrittenen Frage, ob es gestattet sei, der wahrhaft probablen Meinung gegenüber einer probableren zu folgen. Er führt die verneinende Antwort des Soto, Sylvester, Conradus, Cajetanus an und sagt dann: „Certe argumenta videntur optima, sed mihi videtur, quod, si est opinio probabilis, licitum est eam sequi, licet opposita probabilior sit." Mögen nun auch die Argumente, welche er für seine Behauptung vorbringt, nicht gerade schlagend sein (vgl. Tüb. Quartalschr. Jahrg. 1869, S. 143), so gewinnt doch die klar ausgesprochene Ansicht eine um so grössere Bedeutung, wenn man die Verhältnisse ins Auge fasst, unter denen er schrieb.

Es war zu jener Zeit, als eben das Conzil von Trient zum Abschluss gekommen war. Männer, welche in der Wissenschaft glänzten und von echt kirchlichem Geiste durchdrungen waren, hörten seine Worte und hätten gewiss ihre Stimmen dagegen erhoben, wenn sie darin einen praktischen Irrtum, eine Verderbnis der Seelen gefunden und erkannt hätten. Medinas Darlegung liefert zugleich den Beweis, dass die Frage der Probalität nicht zum ersten Male hier auftauchte. Denn er bemüht sich Ansichten zu widerlegen, welche der seinigen entgegenstehen.[1])

Aus der Zeit vor Medina ist es besonders der englische Lehrer, der hl. Thomas, dessen Stellung zum System des Probabilismus wir um so eher betrachten müssen, als man gerade seine Autorität gegen dasselbe ausgespielt hat.

Zunächst ist zu bemerken, dass s. Thomas keine spezielle Abhandlung darüber hinterlassen hat, weil damals die Controverse noch nicht entstanden war. Jedenfalls hat er aber auch kein positives, direktes Zeugnis gegen den Probabilismus ausgesprochen. Weil gewöhnlich die Frage über den Inhaber mehrerer Pfründen (quodl. 8. a. 13. und 9. a. 15.) als ein solches hingestellt wird (z. B. Billuart de act. hum. diss. VI. art. I.), so ist es notwendig, seine Worte etwas genauer anzusehen.

An der erst citierten Stelle sagt er: „Si ille, qui habet plures praebendas, in quandam dubitationem inducitur ex contrarietate opinionum et sic si manente tali dubitatione plures praebendas habet, periculo se committit et sic procul dubio peccat utpote magis amans beneficium temporale, quam propriam salutem.“ Quodl. 9. a. 15.

[1]) Schon Joh. Nider O. P. † 1438, Professor an der Universität zu Wien, vertritt das Axiom des Probabilismus und schreibt in seinem Werke: Praeceptorium divinae legis i. e. Tractatus de decem praeceptis:

„Inter contrarietatem opinionum eligens unam partem tunc videtur securus in conscientia, quando illa opinio non est evidenter contra sacram scripturam vel determinationem Ecclesiae, modo sciat vel per se vel per alium, cui credit, probabiliter contrarias rationes solvere.“

Für diese Ansicht citiert er in seinem Consolatorium timoratae conscientiae mehrere Autoren: „Item reperi in libris veteribus nostri praedicatorum ordinis responsa plura, quae data esse videntur a Domino Alberto eo adhuc vivente, quae sic sonant. Item dicit idem, quod frater simplex vel quilibet homo cum salute potest sequi in consilio, quamcunque opinionem voluerit, dummodo alicujus magni doctoris opinionem sequatur.“ (Cit. Kathol. 1874. I. p. 145. Vgl. auch bei Lehmkuhl Th. M. I. 67. einen Ausspruch des hl. Antoninus, Summ. part. 1. tit. 3. c. 10. § 10.)

stellt er wiederum die Frage, ob es erlaubt sei, mehrere Präbenden zu haben. Er sagt, es sei gefährlich, dies zu entscheiden, weil sich die Ansichten der Theologen und Juristen hier entgegenständen.

Man folgert nun, dass der hl. Thomas nicht probabilistisch, sondern probabilioristisch gedacht habe. Darauf ist zu erwidern:

Der englische Lehrer spricht von einem, der im praktischen Zweifel steht und diesen nicht lösen kann, „manente tali dubitatione."

Mit Recht hat darum der hl. Lehrer nicht probabilistisch, aber auch nicht probabilioristisch entschieden, sondern den Grundsatz des Tutiorismus angewendet. Es ist deshalb ganz und gar unbegründet, aus diesen Stellen etwas gegen den Probabilismus folgern zu wollen.

Berücksichtigen wir ferner, dass wir kaum einen grundlegenden Satz aufgestellt haben, ohne die Autorität des hl. Thomas anzurufen, so dürfen wir gewiss auch für die notwendigen Konsequenzen aus jenen Sätzen diese Autorität in Anspruch nehmen.

Nachdem einmal durch Medina die probabilistische Frage Gestalt und Form erhalten hatte, stehen für das System sehr viele Verteidiger und Anhänger auf, Männer von höchstem Ansehen, aus den verschiedensten Nationen und Orden, Lehrer an den berühmtesten Schulen.

Nur einige mögen genannt werden:

Der Augustiner Michael Salonius in seinem Werke de justitia in 2. 2. s. Thomae,[1]) der Dominikaner Gabriel Vasquez, ein ebenso gelehrter als frommer Mann, der von einigen der spanische Augustinus genannt wird, sein Ordensbruder Bannez, welcher durch den Gnadenstreit sehr bekannt geworden ist,[2]) Franz Suarez, der grösste Theologe des Jesuitenordens, Leonard Lessius, dessen Werke der hl. Carl Borromaeus seinem Klerus zu lesen empfahl, Martin Becanus, (Jesuit, nicht Dominikaner, wozu ihn und Gregor von Valenzia Gass, Geschichte der christl. Ethik II. 1. 173, macht), Professor an den Universitäten zu Würzburg, Mainz, Wien, Paul Laymann, von dessen Moral Scheeben (Kath. 1867. I. 103) sagt, dass sie „wegen der klassischen Ruhe und Einfachheit, sowie wegen der grossen Erudition

---

[1]) „Quando sunt duae opiniones probabiles, altera tamen probabilior, potest quilibet in suis privatis actionibus dimissa probabiliori eligere probabilem, ita sentiunt multi ac gravissimi theologi ac maxime ex discipulis s. Thomae."

[2]) „Quaedam opiniones versantur circa actionem aliquam exercendam, utrum sit licitum an illicitum. Scimus, quod de his opinionibus verum est posse hominem sequi probabilem opinionem relicta probabiliori." 1. 2. q. 10. a. 1.

mit den Controversen Bellarmins zu vergleichen" sei,[1]) ferner der Cardinal de Lugo in seinem Werke de sacra poenitentia (d. 22. n. 39.) und de fide (disp. V. sect. 1. n. 16.)

Diese wenigen Namen legen beredtes Zeugnis dafür ab, dass nicht die schlechtesten Männer für den Probabilismus eingetreten sind; sie beweisen auch, wie wenig richtig und der historischen Wahrheit entsprechend die Behauptung ist, dieses System sei eine Erfindung der Jesuiten.

Es hat in jener Zeit nicht bloss bei diesen seine Anhänger gefunden, sondern es war thatsächlich das katholische d. h. allgemeine Moralsystem.

Das 17. Jahrhundert sollte aber nicht zu Ende gehen, ohne dass heftige Angriffe auf dasselbe erfolgten.[2]) Fragen wir nach der Ursache dieses Kampfes, so wird man uns von der einen Seite die Antwort geben, der Jansenismus mit seinen rigoristischen Ansichten habe ihn veranlasst, während andere behaupten, der Missbrauch des Systems, die Aufstellung laxer Meinungen seitens einiger Vertreter

[1]) „Ex duabus contradicentibus probabilibus, quae versantur circa actionem, an ea licita sit necne, quisque in praxi seu operatione sequi potest quam maluerit, etsi ipsi operanti speculative minus probabilis videatur. Probatur assertio: Opinionem, quae non est aliena a recta ratione, potest aliquis prudenter sequi; probabilis autem opinio non est aliena a recta ratione. Ergo. — Minor declaratur ex definitione probabilis, quam dixi esse eam, quae vel gravi auctoritate vel non modici momenti ratione nititur. Confirmatur: Cum in moralibus non facile reperire sit exactam veritatis certitudinem, sed fere solum verisimilitudinem, sufficit sequi, quod est probabile. Etenim valde difficile et prope impossibile foret, si quisque examinare semper deberet, utra duarum probabilium opinionum efficaciore auctoritate fulta sit. Quaeres, qua ratione in operando certus esse possit, qui incertam et dubiam sententiam sequitur, cum ex incerto non possit colligi certum. Respondendum certitudinem conscientiae, quam operans habere debet, non certe speculativam ex principiis intrinsecis rei petitam, sed esse practicam ex practicis et rei extrinsecis principiis desumptam. (Laymann, de consc. c. 5. § 2. n. 7. 8.)

[2]) Wir wollen nicht die für unseren Zweck irrelevante Frage erörtern, ob die ersten Gegner des Systems die Jesuiten Comitolus und Rebellus gewesen seien. Ballerini (Op. theol. mor. I. p. 190 s.) bestreitet es und sagt, Gonzalez habe es den Jansenisten nachgeschrieben, dass der erstgenannte ein Antiprobabilist gewesen. Dies ergebe sich schon aus seiner falschen Citation. Rebellus habe gar keine Schrift mit dem Titel de justitia et jure verfasst. Sein einziges Werk sei „de obligationibus justitiae, religionis et caritatis" betitelt gewesen. — Comitolus aber vertrete gern singuläre Ansichten und verdiene kein grosses Ansehen. (Vgl. dagegen Aertnys, Beiträge z. Rechtfertig. des Aequiprob. Kath. 1894. I. 436 s.)

desselben und die Verurteilung ihrer Sätze durch den hl. Stuhl sei die Ursache davon gewesen.

Am richtigsten dürfte wohl sein, beides zusammen zu fassen. Es werden auch die Streitigkeiten der grossen Orden der Jesuiten und Dominikaner über die Gnadenlehre nicht übersehen werden dürfen. (Vgl. Werner, System der christl. Ethik S. 432.) Am meisten aber ist zu betonen, dass damals der probabilistische Gedanke noch nicht so klar und lauter und begründet sich darstellte. —

Gewiss haben einige probabilistische Autoren einzelne laxe Sätze proponiert. Es ist nicht notwendig die Kataloge derselben zu vermehren. Namen, wie Joh. Sanchez, Hurtado, Caramuel y Lobkowitz, Escobar sind schon genug an den Pranger gestellt worden. Von ihnen allen aber gilt das Wort, welches De Maistre über Escobar gesprochen: wenn nur die ganze Welt dessen Moral praktisierte. würde es sehr gut mit ihr stehen; die meisten, welche an ihr mäkelten, hätten sich unendlich mehr erlaubt, als er ihnen gestattet. (Kath, 1865. I. 668.)

Einmal kann nur von einzelnen laxen Sätzen, nicht von einem laxen System geredet werden; ferner haben jene Männer nicht für ihr eigenes sittliches Handeln jene Meinungen erfunden. Gegen ihr frommes Leben lässt sich nichts sagen. Selbst Pascal, der doch gewiss scharf gespäht hat, vermochte in diesem Punkte keinen Vorwurf zu erheben.

Gass sagt in seiner Geschichte der christl. Ethik (II. 1. 218): „Von dem ehrbaren Wandel der Mehrzahl liegen hinreichende Zeugnisse vor", er hätte hinzufügen können: „und gegen denselben lässt sich kein einziges aufweisen." Jene Männer waren von dem besten Streben geleitet, möglichst viele Seelen in den Himmel zu bringen. Der Protestantismus hatte die Schwäche der menschlichen Natur zu sehr betont, und im Kampfe gegen jene Irrlehre mochten sie wohl den Beweis haben liefern wollen, dass trotz dieser Schwäche die Forderung des Sittengesetzes erfüllt werden könnte. Ferner hat man gar oft die Regel nicht beachtet, dass zu einem absoluten Urteil über ein Werk es notwendig ist, dasselbe ganz zu lesen, nicht einen einzelnen Satz herauszureissen und denselben tendenziös auszubeuten. „Contemnere, quod quilibet auctor dicit, quin, quod dicit, intelligatur, non est neque caritas, neque prudentia. Legatur et postea contemnatur." (S. Alph. H. A. Tr. I. c. 3. n. 32.) Wie leicht solche Vorwürfe erhoben werden (als ob dies nicht etwa auch eine Verletzung des Sittengesetzes wäre), beweist Gass. (l. c.) Derselbe sagt in der ersten Abteilung S. 187: der Grundsatz, „Der Zweck heiligt das Mittel" sei nur selten mit dürren Worten ausgesprochen worden; aus diesem „selten" ist in der zweiten Abteilung S. 172 ein „niemals" geworden, ohne dass dort eine Beweisstelle angegeben, hier ausdrücklich das erste dementiert wird.

Ein glänzendes Beispiel, wie „laxe" Meinungen „gemacht" werden, gibt Martensen (Christl. Ethik, Gotha 1878, I. 525.) Derselbe behauptet, Escobar, den er sehr bezeichnend citiert „Ant. Escobar, Pascal. Lett. 10. gegen Schluss", lehre, „Gott allzeit zu lieben heisse zu viel gefordert von der menschlichen Schwachheit, weshalb einige Lehrer gemeint haben, es sei hinreichend, ihn zu lieben, wenn der Tod bevorstehe, oder wenn man sich in grosser Versuchung, in grosser Gefahr befinde u. s. w." Bei Escobar aber (Lib. theol. mor. Bonon. 1647 ed. 43. p. 47.) ist Rede von der Verpflichtung, einen ausdrücklichen Akt der Gottesliebe zu erwecken. Ist es nicht mehr als Laxismus, so unbegründete Verleumdungen auszusprechen, die wahrlich nicht von der Gottes- und nicht von der Nächstenliebe eingegeben werden?

(Obiges Beispiel erinnert an ein anderes Missverständnis, das einem Gelehrten begegnete, welcher Deipara mit Gott gleich (para fem. von par!) übersetzte und daraus seine Schlüsse zog. Vgl. Hefele Conc. Gesch. 2, 133.)

Wir geben zu, dass einige Autoren einzelne laxe Sätze aufgestellt, den Probabilismus aus der Sphäre des Licitum in die des Validum hinübergespielt und auch in ersterer die Grenzsteine etwas weit hinausgerückt haben. Dies ist aber kein Beweis gegen die Richtigkeit des Systems. Dasselbe war damals noch nicht so geklärt, wie es heute vor uns liegt; jene laxen Sätze sind keine notwendigen Konsequenzen des Probabilismus. Auch das Beste ist schon oft missbraucht worden und wird täglich missbraucht.

Die kirchliche Autorität hat jene Sätze verurteilt und keiner jener Männer hat sich gegen das Urteil erhoben. Dagegen sagte Pascal: „Si mes lettres (die Provinzialbriefe) sont condamnées à Rome, ce que j'y condamne, est condamné dans le ciel." (Vgl. Katholik. 1865. I. 672.) Wir haben demnach in der laxen Strömung keinen ernstlichen Einwand gegen den Probabilismus zu erkennen, glauben aber in ihr eine Ursache zu dem Kampfe gegen das System zu finden. Eine andere tritt uns im Jansenismus entgegen.[1])

In dieser Häresie haben wir den protestantischen Grundsatz von der Unmöglichkeit der Gesetzeserfüllung wieder und zwar mit der Inkonsequenz, die jeder Irrlehre eigen ist, zugleich mit der Forderung der schwersten Lasten. So begreift es sich, dass die Jansenisten gar mächtig gegen jene ihre Stimme erhoben, welche die Beobachtung des sittlichen Gesetzes als leicht hinstellten. Durch diese wurden dann auch katholische Theologen eingeschüchtert und zu strengeren Meinungen getrieben. Zunächst betrat den Kampfplatz der Jansenist Blasius Pascal mit seinem Buch: Lettres écrites par Louis Montalté à un provincial de ses amis 1656, welches gewöhnlich als „Provinzialbriefe" citiert wird. Dasselbe wurde von Nicole unter dem Pseudonym Wendrockius in das Lateinische übertragen und mit Bemerkungen versehen, welche zu ganzen Abhandlungen angewachsen sind. Man darf sich nicht wundern, wenn dieses Buch Anklang fand. Seine Sprache ist sarkastisch, ironisch, sein Verfasser war beliebt und berühmt: so erklärt es sich, dass es interessant erschien und viel gelesen wurde.

Hören wir über dasselbe das Urteil Voltaires, der an P. la Tour schreibt: „De bonne foi est-ce que par la satyre ingénieuse des Provinciales qu'on doit juger de la morale des jésuites? C'est assurément par le P. Bourdaloue, par le P. Cheminais, par leurs autres prédicateurs, par leurs missionaires. Qu'on mette en parallèle les Lettres provinciales et les sermons de Bourdaloue: on apprendra dans les premières l'art de la raillerie, celui de présenter les choses les plus indifférentes sous des faces criminelles; celui d'insulter avec éloquence; on apprendra avec Bourdaloue à être sévère avec soi-même, à être indulgent pour les autres. Il se demande alors de quel côté est la vraie morale, et lequel des deux livres est utile aux hommes." (cit. Hurter, Nomencl. II. 1. 230 f.)

Es ist hier nicht eine Widerlegung des Buches Pascals bezw. Nicoles zu liefern. Dieselbe ist durch unsere ganze Darlegung ge-

[1]) Vgl. Scavini not. ad Tr. I. p. 108: „Si attente consulatur historia theologiae catholicae, clare patebit, tam inexorabilem et tam immitem quorundam rabiem contra usum cujuscunque opinionis probabilis in rebus moralibus tunc solum exortam esse, cum primum in Ecclesia audita est scandalosa illa et tanquam haeretica damnata Jansenii doctrina: aliqua Dei praecepta sunt impossibilia."

geben. Nur soll bemerkt werden, dass man auf Schritt und Tritt den grössten Verwechselungen von ignorantia invincibilis und vincibilis, von peccatum materiale und formale, sowie schiefen Auffassungen der opinio probabilis begegnet. Natürlich gilt dem Verfasser das Axiom „qui probabiliter agit, prudenter agit" als „praecipuum et unicum probabilisticae securitatis fundamentum."

Wir haben uns etwas länger bei diesem Buche aufgehalten, weil es für viele heute noch eine Quelle für Schmähreden über Probabilismus und Jesuitenmoral ist. So sagt der oben erwähnte Martensen (l. c. I. 526): „Gegen diesen ganzen Probabilismus und sein gotteslästerliches Spiel mit Gottes heiligem Gesetz, von dessen Forderungen er nach Gefallen dispensiert, hat Pascal seine unsterblichen Lettres provinciales geschrieben." [1])

Wir dürfen uns nicht wundern, wenn auch einzelne katholische Theologen von dem Gifthauch des Rigorismus berührt, vom Jansenismus eingeschüchtert, dem Probabilismus entgegentraten, und wenn es ihnen auch zunächst galt, die laxe Strömung zu vernichten, doch im Kampfeseifer das ganze System zum Zielpunkt ihrer Angriffe machten.

Wir nennen die bedeutendsten Namen: Andrea Bianchi in seinem Werke: de opinionum praxi (unter dem Pseudonym Candidus Philalethes veröffentlicht); Vincentius Baronius O. P. in seiner Theologia moralis adversus laxiores probabilistas, der spanische Jesuit Michael de Elizalde in dem Werke de recta doctrina morum, der Jesuitengeneral Thyrsus Gonzalez, dem Döllinger in seiner „Geschichte der Moralstreitigkeiten" (I. S. 120—273) nicht ohne eine gewisse Tendenz 153 Seiten gewidmet hat [2]), ferner der im Kirchen- und Staatsrecht

[1]) Im Anschluss an die Provinzialbriefe sei hier ein ähnliches Buch erwähnt, das 1762 zu Paris erschien und den Titel trägt: „Extraits des assertions pernicieuses et dangereuses que les Jésuites ont enseignées avec approbation des supérieures, verifiés par les commissaires du Parlement," von Abbé Gouzet im Vereine mit mehreren Geistlichen herausgegeben. Widerlegt wurde dasselbe von Grou in s. Buche: Réponse au livre intitulé Extraits cctr. 3 Bde. 1763/65. Auch Clemens XIII. spricht in verschiedenen Breven von den „hinterlistig zusammengetragenen Extraits." Döllinger (Fortsetzung der christl. Kirchengesch. v. Hortig II. 2. Abth. S. 794) nennt es „einen plumpen Betrug, so dass man nicht weiss, ob man mehr die Frechheit oder die Unredlichkeit dieser Menschen bewundern soll," ein „Werk der Lüge." Ellendorf hat es in s. „Moral und Politik der Jesuiten" den Deutschen zugänglich gemacht, die von Gass l. c. II. 1. S. 190 eine „Sammlung von Scandalosen" genannt wird.

[2]) Bezeichnend ist der Titel seines Werkes: „Fundamentum theologiae moralis, id est tractatus de recto usu opinionum probabilium, in quo ostenditur

berühmte Prosper Fagnani in der Apocrisis pro doctrina de probabilitate, der „nicht geniale, aber gelehrte und fleissige Schriftsteller“ Concina (Döllinger l. c. I. 305) in seiner Storia del probabilismo e del rigorismo und in der Theol. christ. dogm. moralis, Johann Vincenz Patuzzi, der heftigste Gegner des hl. Alphons, der Jesuit Antoine in seiner Theol. moralis universalis, Genet, der Verfasser der Morale de Grenoble, Tournely in dem univers. theol. mor. tractatus, Billuart und der berühmte Kirchengeschichtsschreiber Natalis Alexander, sie alle waren Gegner des Probabilismus, einzelne Tutioristen, die anderen Probabilioristen.[1])

Der Klang dieser Namen könnte leicht verwirren, wenn man nicht bedenkt, was wir bereits ausgesprochen. Sie waren Kinder einer rigoristischen Zeit.

Immer lauter wurden die Klagen über laxe Moral, gegen welche sie den Kampf zu führen sich verpflichtet fühlten. Es ist aber sehr zu betonen, dass durch diese der Probabilismus keineswegs ausgestorben und vernichtet war, wie manche geschichtliche Darstellungen

---

non probabilitatem, quae est sententiis oppositis, sed dumtaxat veritatem saltem ut creditam et prudenter existimatam esse rectam regulam morum proindeque nunquam esse licitum sequi sententiam minus tutam in occursu tutioris, nisi illa praeemineat isti quoad probabilitatem seu verisimilitudinem in existimatione operantis.“

[1]) Von Billuart werden in s. Tract. de act. hum. diss. VI. art. I. unter den Gegnern des Probabilismus auch Cardinal Bellarmin und Cardinal Pallavicini angegeben. Auch von diesen würde gelten, was wir über die Erklärung der rigoristischen Strömung gesagt haben. — Zudem sind die l. c. angeführten Zeugnisse nicht so klar, dass man jene Männer als Feinde unseres Systems ansehen müsste. Pallavicini war es ja gerade, der den Papst Alexander VII. nach dem Zeugnisse von Gradius (cf. Concina Stor. 1,38.) von der Veröffentlichung einer Bulle gegen den Probabilismus abhielt, ihm eine genauere Prüfung desselben anriet und für die Verurteilung der einzelnen laxen Sätze stimmte. —

Bellarmin sagt (Suppl. 7. in prologo admonitionis ad Nepotem cit. bei Billuart l. c.): „Si quis velit in tuto salutem suam collocare, is omnino debet certam veritatem inquirere et non respicere, quid multi hoc tempore dicant aut faciant, et si rei certitudo non possit ad liquidum apparere, debet omnino operans tutiorem partem sequi et nulla ratione, nullius imperio, nulla temporali utilitate proposita ad minus tutam partem declinare.“ — Jedoch abgesehen von der geringen Beweiskraft einer einzelnen, aus dem Zusammenhang gerissenen und an sich noch nicht einmal ganz klaren Stelle würde nicht der Probabilorismus, sondern der Tutiorismus an Bellarmin einen Vertreter erhalten.

(z. B. Döllinger l. c.) glauben machen möchten, dass vielmehr andere Männer die Partei des missdeuteten Systems ergriffen.[1])

Wir nennen zuerst Hermann Busembaum, dessen Medulla theologiae moralis von 1645 bis 1675 fünfundvierzig, bis 1776 über zweihundert Ausgaben erlebte[2]); ferner Patritius Sporer O. Min., von dessen Moral Scheeben (literar. Handw. 1867 p. 387) sagt: „es brauchte jemand nur die Tractate desselben systematisch zu gruppiren, die Casus zu beschneiden und einzelnes beizufügen, um das Ideal Carl Werners (von einer Theologia morum als Wissenschaft des göttlichen Gesetzes) in einem den höchst gesteigerten Anforderungen der Wissenschaft und des geläuterten Geschmackes entsprechenden Stile in einer vorläufig ganz befriedigenden Weise zu erreichen.“ Weiter erwähnen wir den bayerischen Minoriten Anaclet Reiffenstuel, Lugo, Roncaglia, Mazzotta, die Salmanticenses, Vogler, Reuter, Voit, Gravina, Ferraris, den berühmten Verfasser der Prompta bibliotheca juridica ectr., Elbel, (neu ediert von Bierbaum O. S. Fr. 1891.)[3])

Damit sind wir auf die Zeit des hl. Alphons gekommen, welchem wir aber wegen der Schwierigkeiten, die man über seine Stellung zum Probabilismus macht, einen eigenen Abschnitt widmen.

Fassen wir das bis hierher gewonnene Resultat kurz zusammen.

---

[1]) Klar zwischen dem falschen und echten Probabilismus unterscheidet der Jesuiten-General Oliva in einem Briefe vom 3. Febr. 1669, mitgeteilt von Fabri, Apologeticum doctrinae mor. Soc. Jes.

„Extremae igitur orae ut periculosae utrimque nobis fugiendae sunt, ut nec onus illud hominibus imponamus, quod Deus ipse non imposuit, sequendi semper in omnibus probabiliorem partem nec quamlibet iis probabilitatem quantumvis dubiam et creperam permittamus, quasi eam tuto ac libere sequi possint. Nempe ut opiniones illas certo ac vere probabiles non damnamus, ex quibus certa sequitur et statuitur conscientia, ita illas minime indulgemus, de quibus jure dubitamus, an probabiles sint ac proinde illae ad certam conscientiam satis esse non possunt.“

[2]) Die Medulla, in vermehrter Ausgabe zwischen 1710 und 1714 ediert von La Croix, Prof. zu Köln, hatte s. Alphons zur Grundlage seines Moralwerkes gemacht wie neuestens Ballerini — Palmieri.

[3]) Auch Benedikt XIV. können wir für uns anführen, da er in einer Frage über den Empfang der hl. Kommunion schreibt: „In tanta opinionum doctorum discrepantia integrum erit parocho eam sententiam amplecti, quae sibi magis arriserit.“ (De synod. dioec. l. 7. c. 11. n. 3.) Eine Mittelstellung nimmt Euseb. Amort ein in s. Th. eclectica mor. et schol. Lehmkuhl sagt von ihm, er habe den Probabilismus verteidigt, sei aber in manchen Fragen strenger als der hl. Alphons. (Th. M. II. p. 800). Die Unterscheidung der aeque probabilis ist bei ihm bereits zu finden.

Bevor die Frage über den Probabilismus flüssig geworden war, hat sich keine entscheidende Stimme dagegen erhoben. Als sie aber vorgelegt war, haben sich Männer aus allen Orden, Ländern und den in Frage kommenden Jahrhunderten für ihn ausgesprochen und den Kampf mit seinen Feinden aufgenommen. Seine Gegner waren entweder von äusseren Beweggründen geleitet oder kämpften gegen das missverstandene, teilweise missbrauchte und damals nicht geklärte System.

Niemals hat die Kirche den Probabilismus verurteilt. Segovia erzählt in seiner Dissert. de op. prob. (1795 p. 77.), im Seligsprechungsprozess des Franziskaners Teofilo da Corte habe der Advocatus diaboli geltend gemacht, jener sei Probabilist gewesen, die Congregation der Riten hätte ihm aber entgegnet, dies sei kein Hindernis, weil ja der Probabilismus niemals kirchlich censuriert worden sei.

In dieser Duldung von seiten der Kirche liegt aber eine starke Widerlegung der gegnerischen Einwürfe. Es gilt hier nicht, was im canonischen Rechtsbuch ausgesprochen ist: Multa per patientiam tolerantur, quae, si deducta fuerint in judicium, exigente justitia non debent tolerari. (C. 18. x. de praeb. III. 5.) Die Kirche, die Wächterin der Sitten, kann nicht mit Stillschweigen der Verbreitung einer Lehre zusehen, welche die Moralität vernichtet, ohne ihrer erhabensten Aufgabe, die Menschen zum Himmel zu führen, untreu zu werden und damit sich der Praerogative der „infallibilitas“ und „indefectibilitas“ zu begeben. „Quod vergit in commune periculum, non est ab Ecclesia sustinendum. Sed Ecclesia sustinet. Ergo non est periculum peccati mortalis.“ (S. Thomas quodl. 9. a. 15.)

2. *Die Stellung des hl. Alphons zum Probabilismus.*

Bei dem hohen Ansehen, welches der Heilige, dem auch der hl. Vater Leo XIII. in einem Schreiben vom 28. Aug. 1879 (cf. Marc. Instit. I. p. XV.) ein herrliches Lob gespendet hat, mit Recht heutzutage geniesst, kann es uns nicht gleichgiltig sein, welches seine Stellung zu unserem Systeme gewesen. Wir können den Einwand nicht unberücksichtigt lassen, der behauptet, der hl. Lehrer sei ein Feind des Probabilismus. Über diesen Vorwurf ist ein heftiger Streit entstanden. Besonders heiss wogte der Kampf zwischen Ballerini und den Redemptoristen, den Verfassern der Vindiciae Alphonsianae.

Ballerini, Professor der Moral zu Rom, behauptete in einer Rede, welche er 1863 bei Eröffnung des Studienjahres über das Moralsystem des hl. Alphons hielt, derselbe habe keine neue Bahn betreten, habe den Probabilismus nicht bekämpft, sei immer ein Anhänger dieses Systems gewesen. Dies glaubten die Vindices nicht zugeben zu dürfen. Wie musste nicht ihr Ordensstifter ein System verabscheut haben, das sie selbst mit dem Brandmal des Libertinismus und Laxismus zu bezeichnen sich nicht scheuen? Auf die Seite Ballerinis traten noch andere (vgl. Vindiciae Ballerinianae); unerquickliche persönliche Fragen über Alter, Gelehrsamkeit der Autoren u. a. wurden hüben und drüben dargelegt; sogar öffentliche Zeitungen, sonst durchaus nicht der Kampfplatz der Theologen, öffneten den Streitern ihre Spalten; das „insanus, insulsus, junior“ ectr. wurde nicht gespart.

Ausführlicher hat Ballerini seine Meinung im Anhang des 1. Bandes seines Opus theolog. mor. (p. 597—667) ausgesprochen in der „dissertatio de genuina s. Alphonsi sententia circa usum opinionis probabilis.“ Bevor wir aber an die Frage nach der Stellung des hl. Alphons zum Probabilismus näher herantreten, sind erst einige historische und litterarische Notizen zu geben. (Vgl. Opere di s. Alfonso, Vindiciae Alphonsianae, Vindic. Ballerinianae, Dilgskron, Leben des hl. Alphons, Döllinger, Geschichte der Moralstreitigkeiten.)

Der hl. Alphons von Liguori war am 27. September 1696 geboren, studierte zu Neapel die Rechtswissenschaft und verwaltete zehn Jahre lang das Amt eines Advokaten. 1723 gab er dasselbe auf und widmete sich dem Priesterstande. 1732 gründete er die Congregation des hl. Erlösers. 30 Jahre später erhielt er das Bistum Santa Agata dei Goti. Nachdem er mit den grössten äusseren Schwierigkeiten wegen der Erhaltung seiner Congregation gerungen, starb er am 1. August 1787. Am 26. Mai 1839 wurde er von Gregor XVI. heilig gesprochen und am 23. März bezw. 7. Juli 1871 der Zahl der Doctores Ecclesiae eingereiht. Der Heilige hatte seine Studien bei Anhängern der sententia rigida gemacht und das erste Werk, welches seine Lehrer ihm in die Hand gaben, war das Buch des Probabilioristen Genet. — Nachdem er aber erkannt, dass die rigoristische Ansicht nur wenige Verteidiger und Schüler zähle, dass umgekehrt die mildere Ansicht allgemein angenommen werde und die grössere Wahrscheinlichkeit für sich habe, ja sogar die wahrscheinlichste und fast moralisch gewisse genannt werden könne, stiess ihn alles von seiner ursprünglichen strengen Ansicht zurück. (Dissertatio vom Jahre 1749 cit. Vind. Alph. 1. 456.) Doch ging diese Veränderung nicht ohne Kämpfe für ihn ab, da er von sehr zartem Gewissen war. Im Jahre 1748 gab er die Medulla Busembaums neu heraus unter dem Titel: „Medulla theologiae moralis R. P. Hermanni Busembaum S. I. cum adnotationibus per R. P. D. Alphonsum de Ligorio adjunctis.

In der Abhandlung über das Gewissen erklärt er, von der berühmten Streitfrage, ob man der weniger wahrscheinlichen Meinung folgen dürfe, absehen zu wollen.

Aus demselben Jahre stammt seine „Pratica del confessore per bene exercitare il suo ministerio," deren Dedikation Benedikt XIV. annahm. Auch hier verweist er bezüglich der „damals viel ventilierten Frage" den Leser an die Autoren.

Im folgenden Jahre, 1749, schrieb er die Dissertatio scholastico-moralis pro usu moderato opinionis probabilis in concursu probabilioris. Darin wendet er sich besonders gegen die Anhänger des Rigorismus und des Probabiliorismus.

1753/55 erschien zu Neapel die zweite Auflage der Theologia moralis, diesmal unter dem Titel: „Theol. mor. concinnata a. R. P. Alphonso de Ligorio per appendices in medullam R. P. H. Busembaum. Ed. II. in pluribus melius explicata, uberius locupletata, dicata Benedicto XIV."

Angehängt ist eine Abhandlung gegen die Tutioristen. Auf die Frage, ob es erlaubt sei, der wahrhaft probablen Meinung für die Freiheit zu folgen, antwortet er: es sei wenigstens der Gebrauch der probabilior erlaubt, wenn auch die entgegenstehende Ansicht für das Gesetz probabel sei.[1])

Dieser Ausgabe ist noch ein Elenchus quaestionum reformatarum angeschlossen, in welchem er 90 der früher von ihm aufgestellten Sätze retraktiert.[2])

Im Jahre 1755 gab er die zweite Dissertatio heraus unter demselben Titel, wie die von 1749 gegen die Tutioristen und Probabilioristen.

Im folgenden Jahre kamen ihm Skrupel und während einer schweren Krankheit sagte er: „Ich habe keine Angst vor dem Tode.

---

[1]) Aus diesen Worten kann nichts für den Probabiliorismus gefolgert werden. Man darf nämlich nicht unberücksichtigt lassen, welche Gegner der Heilige hier vor sich hat. Das aber sehen wir daraus, dass nach dem hl. Alphons die wahrscheinlichere Meinung die wahre Probabilität der Gegenseite durchaus nicht immer aufhebt. Denn probabilis kann unmöglich im Sinn von tenuiter prob. = improbabilis genommen werden.

[2]) Ebenso widerrief er früher vorgetragene Propositionen in den Jahren 1767 und 1779. Aber nirgends findet sich der Satz widerrufen, dass es erlaubt ist, der minus probabilis zu folgen.

Nur beängstigt mich, dass ich der probabilis gefolgt bin. Ich stürbe in grosser Angst wegen dieser Sache, nämlich wegen der probabilis." (Dilgskron 1. 477) Dies hinderte ihn aber nicht, der dritten Ausgabe seiner Moraltheologie aus dem Jahre 1757 die Dissertation von 1755 anzufügen. Im gleichen Jahre veröffentlichte er die Istruzione e pratica pei Confessori (Op. omn. Vol. IX. p. 7. ff.), die 1759 in lateinischer Bearbeitung als „Homo apostolicus" erschien. Darin erklärt er von der minus probabilis nicht zu sprechen, weil hinsichtlich dieser vieles zu bemerken notwendig wäre, was in einem kurzen Werke mit wenigen Worten nicht zusammengefasst werden könnte.[1])

1760 erschien die 4. Ausgabe der Theol. mor., welcher die Dissertation von 1755 wieder beigegeben ist.

Wenn wir bis zu diesem Jahre die Äusserungen des hl. Alphons zusammenfassen, so müssen wir sagen: Er hat klar und mit Anführung von Gründen die Behauptung aufgestellt, man dürfe der wahrhaft probablen Meinung für die Freiheit folgen, auch wenn die wahrscheinlichere für das Gesetz spricht. Diese Ansicht hat er niemals in dieser allgemeinen Fassung widerrufen.

Als er 1762 Bischof geworden war, erschien seine „Breve dissertazione del uso moderato dell'opinione probabile." Darin lehrt er: Es sei nicht erlaubt, der weniger wahrscheinlichen Meinung in dem Falle zu folgen, wenn die für das Gesetz sprechende „notabilmente" und „certamente" wahrscheinlicher wäre; hingegen dürfe man sich für die Freiheit entscheiden, wenn beide gleich oder fast gleich probabel seien.

1763 haben wir die fünfte Ausgabe der Moral zu verzeichnen. Rimondini, sein Verleger, hatte in dieselbe die neue Dissertation nicht aufgenommen. Darüber spricht der Heilige im Juli desselben Jahres seine Unzufriedenheit aus.[2])

Das Jahr 1764 bringt uns die Antwort des Heiligen auf ein Schreiben des Rigoristen Patuzzi, worin dieser sich verwundert darüber ausspricht, „dass ein Mann, der ein so gutes und musterhaftes Leben

[1]) Vielleicht stand er damals unter dem Eindruck, den die Verbrennung der Moral La Croix's mit den Noten Zaccarias und aller Ausgaben des Busembaum 1758 in Frankreich auf ihn gemacht hatte. Man schrieb nämlich dem Letztgenannten die moralische Urheberschaft des Attentates Damiens auf Ludwig XV. zu.

[2]) Er schreibt: „Es war mir unmöglich darüber kein Missfallen zu empfinden, da die alten Ausgaben von der neuen, die ich erwartete, wie Himmel und Erde verschieden sind." Es reute ihn nach einem Brief an Rimondini vom 12. Juli 1763, Busembaum commentiert zu haben. „Doch wer konnte das Ungewitter vorhersehen, das über den armen Busembaum hereinbrechen sollte!"

führe, eine so wenig gesunde Lehre vortrage; daran sei seine allzugrosse Sympathie für die Jesuiten schuld."

Das Antwortschreiben betitelt sich: „Riposta apologetica ad una lettera d'un religioso circa l'uso dell' opinione egualmente probabile." Er sagt darin, dass Probabilioristen seine Lehrer gewesen, dass er die Ansichten vieler Jesuiten, den laxen Probabilismus, insbesondere den Grundsatz „qui probabiliter agit, prudenter agit" verwerfe. Patuzzi blieb die Antwort nicht schuldig. Er schrieb unter dem Namen Adolfo Dositeo „la causa del probabilisimo richiamata all' esame da M. D. Alf. M de Lig. e convinta novellamente di falsità da Adolfo Dositeo."

In sehr ruhigem Tone gegenüber der anmassenden Redeweise des P. Patuzzi gab der Heilige 1765 seine Antwort unter dem Titel „Apologia, in cui si defende la Dissertazione circa l'uso moderato dell' opinione probabile dalle opposizione fatte da un molto Rev. P. Lettore che si nomina Adolfo Dositeo. — Im gleichen Jahre griff ihn Patuzzi von neuem an in der Schrift: „Osservazioni teologichi sopra l'Apologia dell' Ill. e Rev. Mons. D. Alf. de Lig. contro il libro intitolato: La causa . . ., nelle quali si espongono con maggiore lume la falsità e insussistenza del nuovo sistema probabilistico da Mons. promosso e difeso." Darin beklagt er sich, dass Alphons Leuten vertraue, welche in schrecklicher Weise die Autorität des hl. Thomas missbraucht hätten, um ihre laxen Meinungen zu begründen. Der Heilige antwortet in seinem „Appendice all' Apologia in risposta all' autore della regola dei costumi." Hierin bekämpft er besonders den Satz des Patuzzi, dass es im Naturgesetz keine unüberwindliche Unwissenheit gebe. Das Jahr 1765 bringt eine weitere Dissertation über den Probabilismus: De usu moderato opinionis probabilis Darin sagt er (c. 3. n. 81.): „Toties dixi, quod non tantum ille, qui habet notitiam certam legis, sed etiam ille, qui juxta lumen rationis judicat opinionem stantem pro lege esse notabiliter aut saltem certe probabiliorem, tenetur ad eam observandam, etiamsi detur disceptatio inter doctores; sicut de facto plures opiniones a multis olim approbatas ego quidem reprobavi in Opere meo Morali tanquam certe minus probabiles. Nunc multo magis affirmo lege teneri illum, cui qualicunque via manifesta est."

Es ist aber zu beachten, dass in dem gleichen Jahre der Heilige ein kleines Werk verfasste: „La legge incerta non puo produrre un' obligazione certa."

Im Jahre 1767 schrieb er in einem Briefe an P. Villani, er

würde weder dem die Erlaubnis Beicht zu hören geben, der Patuzzis Ansicht vertrete, noch auch jenem, der einer Meinung folgte, welche er als sicher weniger probabel erkannt habe. In diesem Jahre erschien auch die sechste Ausgabe seiner Moral mit der Abhandlung „de usu moderato opinionis probabilis seu morale systema pro delectu opinionum, quas licite sectari possumus."

Am 8. Juli des Jahres 1768 schreibt er an Rimondini: „Mein System bezüglich der probabilis ist nicht das der Jesuiten; denn ich gestatte nicht, wie Busembaum, La Croix und fast alle Jesuiten, der als minder probabel anerkannten Meinung zu folgen." Wichtig ist hier die historische Notiz, dass in Sicilien die Redemptoristen als Verteidiger ungesunder jesuitischer Lehren angefeindet wurden, und dass die Schöpfung des hl. Alphons Gefahr lief, zusammen zu brechen. Daraus erklärt sich, dass er in der 1769 erschienenen „Apologia della Teologia morale" die Meinung, man dürfe der minus probabilis folgen, als lax verwirft; dass er sich ferner in einem Briefe an Rimondini vom 9. Dezember desselben Jahres gegen die jesuitische Auffassung der minus probabilis verwahrt, dass er sogar am 5. August 1772 dem P. Blasucci schreibt: „Fahren Sie fort zu versichern, dass ich und wir alle Probabilioristen sind. Das ist wahr, denn ich behaupte, dass es unerlaubt sei, der probablen Meinung als solcher zu folgen, da ja zum rechten Handeln moralische Gewissheit erforderlich ist."

1773 erschien die 7. Auflage der Moral, die wesentlich mit der 6. übereinstimmt.

1774 spricht er in einem Anhang zur Psalmenerklärung über sein System sich aus: Ist die dem Gesetze günstige Meinung sicher die probabilior, so müssen wir ihr folgen. Wenn aber die der Freiheit günstige Meinung ebenso wahrscheinlich ist wie jene, welche für das Gesetz spricht, so ist die Existenz des letzteren wahrhaft zweifelhaft. Ein nicht promulgiertes Gesetz aber kann keine sichere Verpflichtung bewirken. Das gilt ebenso vom Naturgesetz, wie vom positiven. „Manche beschuldigen mich, dass ich Probabilist sei. Ich erkläre wiederum in diesem kurzen Werke, dass ich kein Probabilist bin und dem Probabilismus nicht anhänge, ja sogar ihn verwerfe. 30 Jahre ungefähr habe ich über diesen Gegenstand unzählige strenge und milde Autoren gelesen. Endlich habe ich mein System aufgestellt." Ähnlich schreibt er in einem Briefe von 15. Juli 1777 an P. Lemètre: „Ich bin ebensowenig ein Probabilist wie ein Rigorist, vielmehr ein echter Probabiliorist, denn ich lehre, dass die Meinung, welche für das Gesetz spricht, notwendig angenommen werden müsse, wenn sie die wahrscheinlichere ist. Und ich sage, dass jetzt, wo diese Frage besser aufgehellt ist, über welche früher so viel Verwirrung herrschte, dieses das von allen festzuhaltende System ist."

1779 kam die achte Auflage der Moral, in welcher ebenso wie in der 1785 erschienenen, der letzten zu Lebzeiten des Heiligen, die Abhandlung Busembaums über das Gewissen fortgelassen wurde. —

Nachdem wir die nötigen Notizen gegeben haben, versuchen wir im folgenden nicht die Lösung des Problems, die wohl niemals zur Befriedigung beider Teile ausfallen wird, sondern wir gehen an die Beantwortung der Frage: „Ist die Stellung des hl. Alphons zum Probabilismus eine Schwierigkeit für denselben?"

Drei Fälle sind denkbar: 1) der hl. Alphons war niemals Probabilist, 2) er war eine Zeit lang Probabilist, oder 3) er war immer Probabilist. Nehmen wir das erste an, dass der hl. Lehrer niemals den Probabilismus vertreten habe. Müssen wir deshalb das System aufgeben? Die extremen Alphonsianer werden sagen: „Unbedingt, denn die Kirche hat sein System approbiert."

Darauf ist zu erwidern: Diese Approbation ist nicht jussiv, sondern permissiv aufzufassen, d. h. in dem Sinne, dass man dem Heiligen folgen darf, nicht aber, dass man ihm folgen muss.

Am 18. Mai 1803 erklärte die hl. Kongregation im Decretum super revisione et approbatione operum Venerab. Alphonsi: „Facta . . . plena relatione tam praefatorum operum impressorum quam aliorum Mss. omnium nihil in eis censura dignum repertum fuit."

Damit ist aber nicht die unfehlbare Richtigkeit einer jeden vom hl. Alphons aufgestellten Behauptung ausgesprochen, wie aus den unten anzuführenden Worten Benedikts XIV. erhellt. Es ist nur gesagt, dass die Schriften des Heiligen nichts enthalten, was dem Glauben und der Sitte widerstreite, und zwar mit Beziehung auf den Seligsprechungsprozess.

Am 5. Juli 1831 fragte der Kardinal von Rohan-Chabot:

1° Utrum s. theologiae professor opiniones, quas in sua Theologia Morali profitetur B. Alphonsus a Ligorio, tuto sequi ac profiteri possit?

2° An sit inquietandus confessarius, qui omnes B. Alphonsi a Ligorio sequitur opiniones in praxi s. Poenitentiae tribunalis, hac sola ratione, quod a. S. Sede Apostolica nihil in operibus illius censura dignum repertum fuerit?

Die hl. Pönitentarie antwortete darauf:

Ad 1um affirmative, quin tamen reprehendendi censeantur, qui opiniones ab aliis probatis auctoribus traditas sequuntur.

Ad 2um negative, habita ratione mentis S. Sedis circa approbationem Servorum Dei ad effectum canonisationis.

In der Kanonisationsbulle vom 26. Mai 1839 heisst es: „Jllud vero inprimis notatu dignum est, quod, licet copiosissime scripserit, ejusdem tamen opera inoffenso prorsus pede percurri a fidelibus posse, post diligens institutum examen perspectum fuerit."

Ein ähnliches Lob wird ihm in der Bulle vom 7. Juli 1871 zu teil, welche ihn der Zahl der Doctores Ecclesiae einreiht. Er habe zwischen Laxismus und Rigorismus einen sicheren Weg gebahnt, auf welchem man ungefährdet in der Leitung der Seelen ihm folgen könnte.

Diese herrlichen Urteile aus dem Munde der gottgesetzten kirchlichen Autorität besagen, dass man getrost den hl. Alphons sich zum Führer wählen dürfe; dass man es müsse, dass es niemals recht und erlaubt sei, die Meinung des Heiligen zu verlassen, das sagen sie nicht. Die hl. Pönitentarie erklärt ja ausdrücklich, dass jene nicht zu tadeln seien, die andere bewährte Autoren beraten. Nehmen wir noch die Worte Benedikts XIV. (de Serv. Dei Beatif. l. 2. c. 34. n. 12.) hinzu: die Lehre jener, welche die Kirche heilig gesprochen, „debita cum reverentia posse citra ullam temeritatis notam impugnari, si modesta impugnatio bonis rationibus innixa sit," so darf es wohl als ausgemacht gelten, dass die Approbation des hl. Stuhles, wie sie dem hl. Alphons zu teil geworden, bloss permissiv, nicht aber präceptiv aufzufassen sei.[1]) Gewiss hat die Liebe zu ihrem geistlichen Vater die Vindices zu dem Ausspruch bewogen, dass jede Nichtbefolgung einer Meinung des hl. Alphons einer Verbesserung des kirchlichen Urteils gleichkomme.

Daraus folgt, dass auch bei der ersten Annahme, der hl. Lehrer sei niemals ein Anhänger des Probabilismus, ja sogar ein Gegner desselben gewesen, trotzdem niemand das Recht hat, die Probabilisten

[1]) Vgl. Entscheidung der S. R. C. vom 21. Juni 1871.

1. An praedicta verba „inter implexas" cctr. aequiprobabilismum denotent?

2. An per ea aequiprobabilismus prae probabilismo commendetur?

Resp.: Quod eadem dubia locum non habeant, quum S. Congregatio iis verbis nullam voluerit opinionem damnare aut unam alteri proferre, sed solum factum designare ab omnibus admissum, quod videlicet S Alphonsus suo systemate assueverit sive laxiores sive rigidiores evitare sententias.

als unkirchliche Männer, als Libertinisten zu bezeichnen, wenn sie auf die besten theoretischen und praktischen Gründe gestützt ihr System vertreten. Wir pflichten mit dieser Behauptung durchaus Döllinger nicht bei, wenn er sagt: „Wie bedenklich die seiner (Alphons) Moraltheologie erteilten Approbationen sind, ergibt sich aus dieser Ausführung. (Vorausgehen Ausstellungen an einzelnen Lehrsätzen, Citaten u. s. w.) Es mag nur noch speziell hervorgehoben werden, dass durch die oben angeführten Entscheidungen der Pönitentiarie einer der allerbedenklichsten Sätze der alten Probabilisten — dass man einer von Einem approbierten Autor vorgetragenen Ansicht folgen dürfe, hier seine allerbestimmteste Formulierung findet." (Geschichte der Moralstr. I. Bd. S. 475.) Wir wollten bloss für den extremsten Fall den Nachweis liefern, dass dadurch die innere Wahrheit und praktische Verwendbarkeit des Probabilismus in nichts gefährdet sei.

Wir behaupten aber, dass der Heilige wenigstens eine Zeit lang entschieden dieses System verteidigt habe.

Im Jahre 1755 gab er die Dissertatio scholastico-moralis pro usu moderato opinionis probabilis in concursu probabilioris heraus. Als Gegenstand derselben erklärt er die Verteidigung der milderen und allgemein verbreiteten Ansicht, dass man der wahrhaft probablen Meinung für die Freiheit so lange folgen dürfe, als sie selbst begründet sei, wenngleich die grössere Wahrscheinlichkeit auf Seiten des Gesetzes liege. Diesen Satz verteidigt er mit den nämlichen Argumenten, wie wir sie heute noch zur Stütze des Probabilismus vorbringen, wie sie sich aus dem wahren Verhältnis von Freiheit und Gesetz ergeben.

Dies ist aber genau Regel und Beweis des Probabilismus.

Da nun alle Schriften des Heiligen die kirchliche Billigung erhalten haben, so ist auch diese approbiert und dem Probabilismus ist die Approbation der Kirche zu teil geworden. Wenn Pruner (Moralth. S.57.) behauptet, die Approbation beziehe sich bloss auf die letzte Ausgabe seiner Moraltheologie vom Jahre 1785, so fehlt dafür der Beweis und widerstreitet dies dem offenbaren Wortlaut der kirchlichen Urteile und dem Zwecke, zu welchem die Schriften eines Heiligen bei der Kanonisation geprüft werden.

Wir brauchen uns bei dem zweiten möglichen Fall, dass s. Alphons eine Zeit lang Probabilist gewesen sei, den wir soeben als thatsächlich erwiesen haben, nicht lange aufzuhalten, da wir zeigen können, dass er wesentlich und praktisch die Lehre des Probabilismus von seinen ersten bis zu den letzten Schriften vertreten habe.

Er sagt:

1. Man darf nur mit einem praktisch sicheren Gewissen handeln.

2. Dieses sichere Gewissen bildet man in Zweifelsfällen über die Erlaubtheit einer Handlung, in welchen eine direkte Lösung nicht möglich ist, auf reflexem Wege, besonders durch Heranziehung der Principien: Lex dubia non obligat und Lex incerta non potest certam obligationem inducere.

3. Man darf einer wahrhaft und wohlbegründeten Meinung für die Freiheit auch in dem Falle folgen, dass die entgegenstehende für das Gesetz probabler ist; denn es ist falsch, dass die grössere Wahrscheinlichkeit in jedem Fall die Probabilität der Gegenseite aufhebt.

4. Man darf der minus probabilis dann nicht folgen, wenn sie ihre Wahrscheinlichkeit verliert.

Halten wir damit die Regel des wahren Probabilismus zusammen: „Man darf der vere ac solide probabilis für die Freiheit stets folgen.“ Niemand wird leugnen, dass die Lehre des hl. Alphons und die des probabilistischen Systems substantiell vollkommen identisch ist.

Wir brauchen für die ersten beiden Sätze keinen langen Beweis zu liefern, da der erste das Axiom der ganzen katholischen Moral ist, der andere aber von dem hl. Lehrer mit grösster Entschiedenheit und Bestimmtheit unter Anführung zahlreicher Argumente bis zuletzt festgehalten worden ist. (vgl. H. A. tr. 1. c. 3. n. 37. Th. Mor. edit. ultima 1785 de consc. n. 71. 76.)

Was den dritten Satz anlangt, so haben wir schon darauf hingewiesen, dass er in der Dissertation von 1755 ganz entschieden betont, dass eine Meinung vere ac solide probabel bleiben könne gegenüber der grösseren Wahrscheinlichkeit des Gegenteils.

Er sagt dort gleich anfangs: „Benigniorem et communissimam sententiam probandam aggredimur, nempe licitum esse uti opinione probabili etiam in concursu probabilioris pro lege, semper ac illud certum et grave habeat fundamentum.“ Und l. c. n. 13. „Falsum est majorem probabilitatem elidere minorem, nisi quando minor illa probabilitas ex eodem principio hauriatur, vel nisi opinio probabilior habeat pro se tam convincens argumentum, ut contraria vere improbabilis vel non amplius certo et graviter probabilis remaneat. Secus tamen dicendum, si excessus non est notabilis, et probabilitas opposita ex diversis principiis, ut fere semper accidit in opinionum concursu, vim accipiat; tunc enim opinio minus probabilis gravi sua probabilitate minime destituitur.“

Damit stimmt auch die Definition überein, welche er bis zuletzt von der wahrscheinlicheren Meinung giebt: „Probabilior ea est, quae graviori nititur fundamento, sed etiam cum prudenti formidine oppositi, ita ut contraria etiam probabilis censeatur.“ (Th. mor. de consc. n. 40.)

Ebenso ist hier heranzuziehen, dass der Heilige sehr oft in seiner Moral von zwei entgegenstehenden Meinungen die eine probabilior nennt, die andere etiam probabilis.

Hören wir noch eine Stelle aus der letzten Ausgabe seiner Moraltheologie, die zu seinen Lebzeiten veranstaltet wurde: „Sententia communis et sequenda docet non posse solum, sed etiam teneri sub gravi confessarium absolvere poenitentem, qui vult sequi opinionem probabilem (doch gewiss = vere solideque probabilem), licet opposita videatur probabilior, nisi judicet .opinionem poenitentis esse evidenter falsam.“ (lib. 6. n. 604.)

Es muss nach diesen Citaten unerfindlich erscheinen, wie man den hl. Alphons mit sich selbst und mit der Logik in Widerstreit bringen kann, indem man ihm die Meinung beilegt, als hebe immer oder doch meistens die grössere Wahrscheinlichkeit die geringere auf.

Wir haben nun noch zu untersuchen, was er unter certe ac notabiliter probabilior versteht.

Um jeden Schein zu meiden, als legten wir den Heiligen falsch und nach unserem Sinne aus, lassen wir ihn selbst sprechen:

„Cum opinio pro lege est certe et sine ulla haesitatione probabilior, tunc opinio illa non potest esse nisi notabiliter probabilior. Et eo casu opinio tutior non erit jam dubia, sed est moraliter aut quasi moraliter certa; saltem nequit dici amplius stricte dubia, cum pro se habeat certum fundamentum, quod ipsa sit vera. Unde tunc fit, quod opinio minus tuta, quae certo fundamento caret, remaneat aut tenuiter aut saltem dubie probabilis respectu tutioris.“ (Th. Mor. ed. 1767 de consc. n. 55.)

Der Heilige unterscheidet klar eine doppelte wahrscheinliche Meinung, eine, deren Gegenteil noch wahrhaft probabel ist, eine andere, bei der das nicht der Fall ist. Erstere nennt er parum probabilior, „quae nititur fundamento graviori, sed etiam cum prudenti formidine oppositi, ita ut contraria etiam probabilis censeatur.“ (Th. M. de consc. n. 40.)

Letztere ist ihm eine moraliter aut quasi moraliter certa (weil unice probabilis). „Si opinio, quae stat pro lege, videatur certe probabilior, ipsam omnino sectari tenemur;“ aber „certe probabilior non potest esse nisi notabiliter probabilior et est moraliter aut quasi moraliter certa.“ (Th. M. ed. 1785. n. 56.)

Wenn er an manchen Stellen die probabilior schlechthin = moraliter certa (in weiterem Sinne) versteht, ohne certe oder notabiliter beizufügen, so muss dieses probabilior doch so ausgelegt werden, wenn man den hl. Lehrer nicht in Widersprüche verwickeln will. Die Lehre des hl. Alphons stellt sich also so dar:

a) Wenn für Gesetz und Freiheit gleiche oder fast gleiche Wahrscheinlichkeit steht, darf man der Meinung für die Freiheit folgen.

b) Wenn für das Gesetz die (parum) probabilior spricht, so dass die entgegenstehende vere ac solide probabilis bleibt, so darf man ebenfalls sich für die Freiheit entscheiden.

c) Wenn für das Gesetz eine certe ac notabiliter probabilior = unice probabilis = moraliter aut quasi moraliter certa steht, so dass die Meinung für die Freiheit keine wahre Probabilität besitzt, so muss man die dem Gesetze günstige Meinung wählen.

Das ist aber der Substanz nach genau die Lehre des Probabilismus.

Dagegen wird die Schwierigkeit erhoben, dass s. Alphons (H. A. tr. 1. n. 31.) die „sententia, quam auctores elapsi saeculi communiter tenuerunt,“ als lax bezeichnet und nicht zu befolgen gestattet. Aber mit diesen Worten kann er unmöglich den wahren Probabilismus gemeint haben. Das „communiter“ muss in einem sehr abgeschwächten Sinne verstanden werden. Er beruft sich ja fortwährend in seinen Citaten auf die auctores elapsi saeculi bis zuletzt und nennt sogar Meinungen probabel, welchen diese die Wahrscheinlichkeit abgesprochen haben. (Vgl. z. B. Th. Mor. l. 4. n. 163. 171. 176. l. 6. n. 282.)

Alle seine scharfen Ausdrücke gegen den Probabilismus erklären sich aus den damaligen Verhältnissen. Der Heilige war rings umgeben von Vertretern des Rigorismus, des Laxismus angeklagt; der Fortbestand der von ihm gestifteten Gesellschaft war gefährdet, der Name Probabilismus verpönt; die Werke probabilistischer Autoren wurden censuriert. Auf die Stellen aus seinen Briefen ist kein sehr grosses Gewicht zu legen und Döllinger (Geschichte der Moralstreitigkeiten I. 432.) stimmt, nicht ohne einen gewissen Hohn zwischen den Zeilen lesen zu lassen, Ballerini bei, der sagt, die Vindices hätten überhaupt besser gethan, solche Schriftstücke nicht zu veröffentlichen, die nur geeignet wären, den Heiligen zu discreditieren. — Würden seine Ausdrücke wörtlich zu verstehen sein, so müsste er als Probabiliorist angesehen werden. Dagegen aber hat sich P. Mantona dem

Verfasser von „Rom in seinen drei Gestalten“ gegenüber mit Berufung auf einen an ihn gerichteten Brief des hl. Alphons aus dessen letzten Lebenstagen mit aller Entschiedenheit ausgesprochen. (Gaume, Rom in seinen drei Gestalten, Bd. 2. S. 147 f.)

Beachten wir ausser der Zwangslage der äusseren Verhältnisse noch seine ängstliche Anlage, berücksichtigen wir ferner, dass er sehr viel geschrieben hat neben der Sorge für seine Gesellschaft, neben den zahllosen Missionen, die er hielt, beachten wir endlich den Krankheitszustand, der ihn daran hinderte, vieles selbst zu lesen, was sich besonders als Missstand in der Regolamente-Affaire (vgl. Dilgskron, 2. 352) erwiesen hat, so lassen sich die aufgeworfenen Schwierigkeiten unschwer lösen.

Ein Einwand bleibt uns noch zu erledigen, der besagt, dass der hl. Alphons über die Frage der probablen Erfüllung des Gesetzes nicht mit uns übereinstimme. In der zweiten Serie der quaestiones reformatae (Op. omn. T. VI. p. 956) widerruft er eine früher gegebene Entscheidung, wonach das probable Urteil über die Erfüllung eines Gelübdes, über die vollständige Verrichtung der kanonischen Tagzeiten und der auferlegten Busse zur Beruhigung des Gewissens genüge. Und q. 16. antwortet er auf die Frage, ob der, welcher probabiliter alle seine schweren Sünden gebeichtet hat, gehalten sei, die zweifelhaft gebeichtete Sünde noch einmal zu bekennen: „dico cum Concina et aliis eum teneri peccatum illud clavibus subicere, cum dubia sit confessio et certa sit confessionis obligatio.“ Er verweist auf Th. M. l. 6. de poenit. n. 477. An dieser Stelle giebt er für den Fall des positiven Zweifels die nämliche Entscheidung, statuiert jedoch drei Ausnahmen:

1) wenn der Zweifel lange Zeit nach der Beicht einem Menschen auftaucht, der die nötige Sorgfalt angewendet hatte;

2) bei Gewohnheitssündern, die sich bekehrt haben und nicht an ihre früheren Sünden zurückdenken sollen;

3) bei Skrupulanten.

Dem entgegen steht in den Werken des Heiligen folgende Stelle: „In dubio de consuetudine possidet praeceptum; unde petenda est dispensatio; secus si probabile sit adesse consuetudinem.“ (Th. M. l. 4. n. 290.) Rede ist von einer Gewohnheit, welche das Gesetz aufhebt. Diese offenbare Verschiedenheit lässt fast die Vermutung aufkommen, als sei es um die Sicherheit des äquiprobabilistischen Standpunktes in dieser Frage schlecht bestellt.

Der probabilistische Grundsatz über wahrscheinliche Erfüllung eines Gesetzes ist nur die konsequente Durchführung der vom hl. Lehrer selbst aufgestellten, verteidigten und niemals widerrufenen Principien. Wer aber einen Satz behauptet, darf die notwendigen logischen Folgerungen, welche aus demselben abgeleitet werden, nicht bestreiten. Doch auch zugestanden, dass der Heilige in diesem Punkte von den Probabilisten abweiche, kommen nur wenige Verschiedenheiten in der Praxis heraus; von einer wesentlichen und principiellen Disharmonie aber kann keine Rede sein.

Das Ergebnis der Untersuchung ist: Der hl. Alphons hat eine Zeit lang den Probabilismus schlechthin verteidigt, immer aber der Substanz nach und in seinen praktischen Durchführungen an ihm festgehalten, wenn er auch in einigen wenigen Punkten eine grössere Strenge angenommen hat.

Darum dürfen wir mit Recht denjenigen für uns in Anspruch nehmen, der nach dem Urteile der Kirche „sanctitate vitae praestitit et suis operibus scriptis praesertim in re morali adeo refulsit, ut exstincto universim fere practico Jansenismo totius propemodum Ecclesiae suffragium sit promeritus.“ (Bulle der Erklärung zum Doctor Ecclesiae vom 23. März 1871.)

Vierter Teil.

Die praktische Anwendung des Probabilismus.

Wir können hier selbstverständlich nicht die ganze Moraltheologie durchgehen und ihre einzelnen Fragen nach den Regeln des Probabilismus' lösen. Darum beschränken wir uns auf die Besprechung der Principia reflexa, ihrer Anwendung in Zweifelsfällen über das positive Gesetz, über Eid und Gelübde und fügen schliesslich noch die Hauptregeln über die praktische Verwertung des probabilistischen Systems für die wichtigsten Stände und Fälle an.

§ 1. Die Principia reflexa.

Im Zweifelsfall hat jeder Mensch nach Massgabe der Wichtigkeit der Sache, um die es sich handelt, nach seinem Stand und seinen Fähigkeiten, nach der Zeit, welche ihm dazu gegeben ist, die Lösung desselben zu versuchen. Bei dieser Prüfung kann sich nun herausstellen, dass der Zweifel ganz unbegründet und deshalb zu verachten ist. Bleibt er aber auch nach sorgfältiger Erwägung noch bestehen und gelingt eine direkte Lösung nicht, so hat man den reflexen Weg einzuschlagen. Man hat die reflexen Principien heranzuziehen.

Es sind dies Sätze, welche in der Sache selbst, über deren moralische Güte und Erlaubtheit Zweifel bestehen, nicht enthalten sind, sondern sie bloss von aussen berühren, gleichsam den Obersatz in dem Schlusse bilden, dessen Untersatz der einzelne Fall ist, woraus dann das praktisch sichere Urteil des Gewissens resultiert. (Friedhoff, de sent. prob. ad efform. consc. cert. vi et efficacia p. 2.)

Wir wollen nun im folgenden einige dieser reflexen Principien darlegen, welche im Zweifelsfall über Existenz und Verpflichtung eines Gesetzes und in dem über das Vorhandensein einer unter das Gesetz fallenden Thatsache oder Handlung die erforderliche Gewissheit zu verschaffen geeignet sind. Hier müssen zunächst Erwähnung finden die beiden Sätze: Lex dubia non obligat und Obligatio dubia nulla. Die ausführliche Darlegung, welche wir ihnen gewidmet haben (II.

Fundament derselben und zugleich Direktive für ihre praktische § 2. n. II.), macht es unnötig, hier noch einmal auf sie einzugehen. Anwendung bildet der Satz: „In dubio melior est conditio possidentis", oder wie die Rechtsregel 65 (im Lib. Sext. Bonifat. VIII.) ihn ausspricht: „In pari delicto vel causa potior est conditio possidentis."

Derselbe ist nicht auf das Gebiet der strengen Gerechtigkeit einzuschränken, wo er besagt, dass die juridische Präsumption im Zweifel über das Eigentum für den faktischen Besitzer steht.[1])

Hier handelt es sich auch um ein rechtliches Verhältnis, nämlich um das von Gesetz und Freiheit. Bei der Anwendung des genannten Grundsatzes in diesem Verhältnisse ist der status dubii stricti vel negativi vom status dubii positivi vel opinionis zu unterscheiden. Ist der Zweifel ein dubium juris, d. h. handelt es sich um Existenz eines Gesetzes, um den Sinn desselben und seine Anwendung auf einen besonderen Fall, dann ist sowohl im status dubii stricti als auch im status opinionis die Freiheit im Besitzstande. Wie bewiesen, ist sie prior tempore, also auch potior jure. Das Recht des Gesetzes muss mindestens moralisch gewiss sein, um das sichere Recht der Freiheit zu zerstören.

Bei dem dubium facti, in welchem es sich um die Thatsache der Erfüllung einer Verpflichtung handelt, ist im status dubii stricti das Gesetz im Besitzstande. Liegen aber gewichtige und triftige Gründe für die Erfüllung vor, so ist die subjektive Verpflichtung zweifelhaft geworden und die Freiheit ist wieder in ihr Recht getreten.

Wer mit Grund zweifelt, ob er das 21. Lebensjahr erreicht habe und fasten müsse, ist frei. Wer zweifelt, ob er eine schwere Sünde gebeichtet habe, aber eine wahrhaft probable Meinung dafür hat, ist frei. „Communiter docent omnes non teneri ad confitendum quod probabiliter judicat se confessum fuisse, quia sequitur judicium probabile, quod sicut in aliis materiis, sic etiam in hac sufficit ad observandum praeceptum." (Lugo de poen. disp. 16. n. 58.)

[1]) „Respondent (sc. aliqui) principium illud: In dubio melior est conditio possidentis habere locum in materia justitiae, non aliarum virtutum. Sed hoc gratis dicitur. Primo quia jura, ex quibus regula illa desumitur, generatim et sine restrictione loquuntur, ut in cap. In pari 65 de reg. jur. in 6. absolute dicitur in quacunque causa praeferri jus possidentis. Secundo quia nulla ratio differentiae assignatur nec assignari posse videtur." (Suarez de rel. l. IV. c. V. n. 759.)

Man erkennt den Unterschied zwischen dem ersten und dem zweiten Beispiel. Dort reicht der status dubii stricti aus, um sich für die Freiheit zu entscheiden. Hier, wo es sich um ein sicheres Gesetz, aber eine zweifelhafte subjektive Verpflichtung handelt, ist der status opinionis erforderlich, um sich für entbunden vom Gesetze zu halten.

Danach sind die folgenden Fälle zu beurteilen: Wer sicher ist, dass er gelobt hat, in einen Orden einzutreten, aber zweifelt, ob er den Eintritt in einen bestimmten gelobt habe, ist frei in seiner Wahl. Wer begründeten Zweifel hat, ob heute Fasttag ist und den Zweifel nicht lösen kann, ist frei. Wer in der Nacht vom Freitag auf den Samstag zweifelt, ob schon Mitternacht vorüber ist und dies für probabel erkennt, darf Fleisch essen.

Um die conditio possidentis zu ermitteln, dient das Princip: „In dubio standum est, pro quo stat praesumptio." Diese Präsumption aber wird hergenommen ex favore juris und ex communiter contingentibus. Nach ersterem steht die Präsumption z. B. für die Giltigkeit der Ehe, für die Freiheit, für die causae piae, für die Ehrenhaftigkeit eines Menschen. Communiter contingentia sind natürliche Eigenschaften, die da zu sein pflegen, z. B. Liebe der Eltern zu den Kindern, oder erworbene Eigenschaften, welche man voraussetzen muss, z. B. die notwendigen Kenntnisse in dem Amt, das jemand bekleidet, die Kenntnis dessen, was einer eben gehört oder was in seiner unmittelbaren Nähe vor sich gegangen.[1]) (Vgl. Lehmkuhl, I. p. 110.)

So steht im Zweifelsfall, ob ein Siebenjähriger den Vernunftgebrauch besitze, folglich an die Kirchengesetze gebunden sei, die Präsumption dafür. Im Zweifel, ob ein gewissenhafter Mensch in eine

[1]) „Quod si petas regulam, ex qua dignosci valeat, quis possideat, ut inde sciri possit, cujus sit potior conditio ad inducendam obligationem eave liberandum, haec tradi potest. Attendendum est in hoc dubio, pro quo stet in foro externo praesumptio et dum non constat de veritate, ea pars, pro qua est praesumptio, censebitur possidere et praevalebit in utroque foro. Quare si praesumptio fori externi stet pro obligatione, tenebitur voluntas; si autem stet pro voluntatis libertate, non tenebitur . . Et probatur primo: quod jura nihil absque causa justa praesumant nec praesumptio iniqua ac temeraria sit. At si in eo dubio obligatio, pro qua stat praesumptio, non praeponderaret, temerarie et absque justa causa praesumeretur. Secundo quia . . praesumptio juris est verisimilitudo quaedam sufficiens ad rem dubiam credendam vel est probabilis conjectura ex certo signo proveniens, quae alio non adducto pro veritate habetur, donec adversarius oppositum probet, in quem id probandi onus transfertur. Ergo dum stat haec juris praesumptio in eo dubio pro obligatione nec dubitans

Sünde eingewilligt habe, steht sie dagegen. Zweifelt ein Priester am Abend, ob er eine Hore ausgelassen habe, so steht die Präsumption dagegen. Diesem Grundsatz schliesst sich das Axiom an:

„Factum non praesumitur, sed demonstrari debet.“ Einen Spezialfall davon besagt die Regel, die übrigens nicht bloss für das Gericht, sondern auch für das gewöhnliche Leben gilt: „In dubio nemo praesumitur malus, nisi probetur.“

Der Angeklagte ist nicht eher zu beschuldigen oder zu bestrafen, bis seine Schuld bewiesen ist. „Cum jura partium sunt obscura, reo favendum est potius quam actori.“ Reg. 11.

Auf den Grundsatz, dass eine Thatsache erst bewiesen werden müsse, gründet sich auch die Entscheidung betreffs eines zweifelhaften Gelübdes.

Das Princip gilt, wo es sich um die Substanz eines Factum handelt. Ist aber bloss ein Umstand, eine notwendige Bedingung oder die rechte Art und Weise einer sonst gewissen Thatsache in Frage, so gilt der Satz: „In dubio standum est pro valore actus“ oder „In dubio praesumitur recte factum, quod de jure faciendum erat.“

Dies gilt z. B. im Fall eines Zweifels, ob ein Kontrakt richtig abgeschlossen, ein Sakrament recht gespendet, ob in der Beichte Reue, in der hl. Messe die Intention zu konsekrieren vorhanden gewesen sei.

Über das Princip „In dubio tutius est eligendum“ ist oben (II. § 2. n. III.) ausführlich gesprochen worden. Zum Schlusse führen wir noch einige Regeln an, welche sich besonders auf die Interpretation der Gesetze beziehen. „In dubio favores sunt ampliandi, odia sunt restringenda.“

Odios ist alles, was die Freiheit vermindert oder aufhebt, was Strafe im Gefolge hat, das Recht eines Dritten verletzt, was dem gemeinen Rechte widerstreitet. (Lehmkuhl I. p. 85. sq.)

Nach Suarez (de leg. l. V. c. 2. n. 6. sq.) sind odios „lex poenalis, lex tributum aut onus imponens, lex irritans factum quod prohibet directe vel indirecte seu consequenter, lex exorbitans a jure antiquo vel a communi jure aut illi derogans vel limitans aut corrigens illud

---

potest contrarium assensum habere et sic se exonerare, erit sustinenda obligatio tanquam vera. Dices haec probare in foro externo. At haec evasio potius meae sententiae favet; nam si in foro externo cognita hujus dubii veritate et eo dubio permanente censebitur hic obligatus, idem quoque in foro interno est necessario dicendum.“ (Sanchez in decal. l. 1. c. 10. n. 13.)

et a fortiori lex posterior priorem abrogans. Aliae vero leges omnes, quae hujusmodi non sunt, inter favorabiles computantur."

Favorable Gesetze sind weit zu interpretieren, odiose eng. Die Begründung hierfür gibt Suarez in folgenden Worten: „Lex per se et quasi sponte sua inducit favorem, odium vero quasi ex accidenti et coacte ob necessitatem; id autem, quod est per se, praefertur ei, quod est accidentarium ceteris paribus ac subinde etiam in dubio. Explicatur hoc amplius, quia odium non intenditur, nisi ut tandem cedat in aliquod commodum, quod vel sit favor vel in favorem reputetur; favor autem non est propter odium; imo ex genere suo est per se; ergo magis intenditur favor ex suo genere. Nam propter quod unumquodque tale, et illud magis; ergo in dubio ac ceteris paribus favor praefertur." (de leg. l. V. c. 2. n. 13.)

Dem angegebenen Princip ähnlich ist die Rechts-Regel 30: „In obscuris minimum est tenendum," wonach in dem Falle, dass eine Verpflichtung dunkel und zweifelhaft ist, für das Mindestmass derselben eingetreten werden muss, und die Rechts-Regel 49: „In poenis benignior est interpretatio facienda." Den Schluss bilde das ebenfalls hierher gehörige Princip: „Contra [illegible], qui legem potuit dicere apertius, interpretatio est facienda."

§ 2. Anwendung der reflexen Principien auf Zweifelsfälle über das positive Gesetz.[1])

A. *Zweifelsfälle, welche die Bewirkung einer Verpflichtung betreffen.*

1. Wenn begründete Zweifel vorliegen, ob der Gesetzgeber legitim ist, wenn seine Autorität und Jurisdiktion ungewiss ist, wenn er probabiliter nicht gesetzmässig erwählt, angestellt und in seinem Amte bestätigt ist, nicht aber, wenn bei thatsächlichem Besitz error communis und ein titulus coloratus vorhanden sind, ist die Verpflichtung, den von jenem gegebenen Gesetzen zu gehorchen, zweifelhaft, also nichtig.

2. Wenn man zweifelt, ob ein Gesetz gegeben ist, ob eine Gewohnheit existiere, welche eine Verpflichtung begründet, so gilt für den status dubii stricti und positivi, dass keine Verpflichtung bestehe.

3. Im Zweifel über Auslegung und Ausdehnung eines Gesetzes auf einen bestimmten Fall, auf eine bestimmte Person oder Sache, ist der Grundsatz zu beachten: „Favores sunt ampliandi, odia sunt restringenda."

---

[1]) Vgl. Waffelaert, de dub. solv. p. 214 sq.

4. Wenn es zweifelhaft ist, ob eine vom Gesetz befohlene Handlung erlaubt sei, ist in statu dubii negativi und positivi dem Gesetze zu gehorchen. Nur wenn die sittliche Unerlaubtheit des Befohlenen moralisch gewiss ist, hört die Verpflichtung auf.

„Advertunt omnes doctores necessarium esse, ut de injustitia legis certo moraliter constet; nam si res sit dubia, praesumendum est pro legislatore, tum quia habet altius jus et illud possidet, tum etiam quia regitur altiori consilio et potest habere rationes universales subditis occultas, tum etiam quia alias subditi sumerent nimiam licentiam non parendi legibus, quia vix possunt esse tam justae, quin possint ab aliquibus per apparentes rationes in dubium vocari.“ (Suarez de leg. l. 1. c. 9. n. 9.)

Ist der Zweifel über die sittliche Erlaubtheit einer befohlenen Handlung nicht zu heben, darf der Untergebene dieselbe nicht setzen, weil das Naturgesetz verbietet, mit zweifelndem Gewissen zu handeln.

5. Wenn es ungewiss ist, ob jemand der gesetzgebenden Gewalt untersteht, z. B.:

a) wenn es zweifelhaft ist, ob er getauft und den Kirchengesetzen untergeben sei, ist er in dubio negativo und positivo nicht gebunden;

b) wenn es nicht feststeht, ob jemand ein Domizil oder Quasidomizil an einem Orte habe, ist er an die Gesetze dieses Ortes nicht gebunden;

c) wenn an dem usus rationis gezweifelt wird, ist vor dem 7. Jahre gegen, nachher für diesen zu präsumieren.

6. Ist die Qualität eines Gesetzes zweifelhaft:

a) fragt es sich, ob ein Gesetz reines Strafgesetz sei oder zugleich eine lex prohibens, wird es als mere poenalis betrachtet;

b) wenn es zweifelhaft ist, ob ein Gesetz bloss irritans oder zugleich prohibens sei, gilt es als nur irritans;

c) wenn es ungewiss ist, ob ein Gesetz ipso facto oder erst nach dem Richterspruch irritiere, ist letzteres anzunehmen;

d) wenn man zweifelt, ob ein irritierendes Gesetz auch auf die Vergangenheit wirke, wird dieses nicht angenommen.

7. Ist die Quantität einer Verpflichtung zweifelhaft und fragt es sich, ob ein Gesetz sub gravi oder sub levi verpflichte, gilt es als sub levi bloss verpflichtend.

„Nisi ad hoc habeatur expressa Scripturae sacrae aut canonis seu determinatio Ecclesiae vel evidens ratio, nonnisi periculosissime determinatur (sc. gravis obligatio). (S. Antonin. p. I. tit. 2. c. 11. § 28.)

Wenn der Untergebene zweifelt, ob eine befohlene Sache fähig sei, eine schwere Verpflichtung zu bewirken, dieselbe aber vom Oberen ausgesprochen ist, dann steht die Präsumption für den Oberen.

„Non facile concludat subditus hanc vel illam materiam non esse capacem obligationis gravis, quia praesumptio regulariter est pro superiore; communiter enim contingit, quod superiores prudentes, qui maturo consilio aliquid leve praecipiunt sub gravi, habeant causas sibi notas.“ (Sasserath, de leg. n. 22.)

B. Zweifelsfälle, welche die Aufhebung einer Verpflichtung betreffen.

1. Wenn es ungewiss ist, ob ein Gesetz aufgehoben sei, so ist dasselbe in statu dubii stricti und opinionis als bestehend zu betrachten. Nur wenn die Aufhebung allgemein angenommen wird, sich auf ein über jede Einrede erhabenes Zeugnis stützt, moralisch gewiss ist, darf man die Verpflichtung als gelöst ansehen.

2. Dasselbe gilt, wenn es zweifelhaft ist, ob ein abrogierendes oder derogierendes Gesetz gegeben sei. (Lex dubia nulla.)

3. Wenn es zweifelhaft ist, ob eine abrogierende oder derogierende Gewohnheit bestehe, behält in statu dubii negativi das Gesetz seine verpflichtende Kraft. Anders aber ist es in statu opinionis, wenn eine solche Gewohnheit probabel ist. „Notandum autem circa consuetudinem id quod dicit Viva art. 2. n. 8. scilicet quod ad excusandum sufficit probabilis consuetudo; sufficit enim, ut dicunt Salmant. de leg. c. 6. p. 3. § 2. n. 18., Salas cetr. dictum unius doctoris eximii etiam moderni, qui consuetudinem afferat. Bene autem advertit Mazz. de 3. praec. c. 2. quod in dubio de consuetudine possidet praeceptum, unde petenda est dispensatio, secus si probabile sit adesse consuetudinem.“ (S. Alph. l. 4. n. 290.)

4. Wenn es zweifelhaft oder auch probabel ist, dass der finis legis cessiert, ist damit die Verpflichtung nicht aufgehoben. Nur wenn dieses moralisch gewiss ist, tritt die Aufhebung der Verpflichtung ein.

5. Ein zweifelhaftes oder probables Privileg kann die Verpflichtung nicht wegnehmen.

6. Wenn es probabel ist, dass Epikie angewendet werden darf, und der Obere nicht befragt werden kann, gilt die Verpflichtung für diesen Fall als aufgehoben.

„Ratio est, quia judicium probabile in rebus moralibus sufficit ad prudenter operandum, praesertim ubi regula certa applicari non potest, ut ex materia de conscientia suppono. Item quia alius modus operandi est ultra humanam conditionem et prudentiam, cum omnis fere humana cognitio conjecturalis sit et praesertim in rebus agendis. Item quia imponeretur gravissimum onus hominibus, si nunquam liceret iis uti epikia ex judicio probabili, quando non patet aditus ad superiorem. Quis enim auderet unquam excusari a lege positiva propter necessitatem occurrentem, cum nemo sit tam certus de sufficientia causae, quin dubitet vel formidet? Item in his casibus non possent simplices sequi consilium hominis docti et pii nec ipse posset tale consilium dare, quia nunquam fere ducitur nisi judicio probabili. Constat autem contrarium esse in usu totius Ecclesiae et approbari ab omnibus doctoribus.“ (Suarez de leg. c. 8. n. 6)

7. Bezüglich der Dispens sind verschiedene Fälle zu unterscheiden:

a) Wenn es zweifelhaft ist, ob der Obere legitim oder zum Dispensieren berechtigt ist, darf man von der erteilten Dispens Gebrauch machen, wenn er im Besitz seines Amtes ist. Ist er dies nicht, kann die Dispens nicht angenommen werden.

b) Wenn es ungewiss ist, ob die Dispens-Vollmacht des Oberen sich soweit ausdehnt, so ist zu unterscheiden, ob ein dubium juris oder facti vorliegt. Im ersteren Falle kann er dispensieren, weil die Dispens-Gewalt favorabel, das Favorable aber weit zu interpretieren ist. Handelt es sich um ein dubium facti, z. B. ob jemand, der ein Gelübde abgelegt, ein reserviertes gemacht habe, so kann er auch hier dispensieren, weil die Reservation ungewiss ist.

c) Zweifelt jemand, nachdem er eine Dispens erhalten, ob die Ursache genügend gewesen sei, kann er sich beruhigen.

d) Ist jemand nach erhaltener Dispens zweifelhaft, ob er sich der Subreptio oder Obreptio durch Verschweigen eines wahren Umstandes oder durch Angabe eines falschen schuldig gemacht, wird die Dispens als giltig angesehen, denn ein Vergehen wird nicht präsumiert, sondern muss bewiesen werden.

e) Wenn jemand gewiss ist, dass er sich der Obreptio oder Subreptio schuldig gemacht hat, aber zweifelt, ob der Umstand causa motiva oder bloss impulsiva der Dispens gewesen sei, so ist die Lösung controvers.

„In hoc dubio res est valde controversa. Multi affirmant praesumi finalem (= motivam) et ita corruere dispensationem quos retuli l. 8. de matr. disp. 21. n. 20. At ibidem cum multis aliis sustinui praesumi causam impulsivam et sic valere dispensationem.“ (Sanchez in decal. l. 4. c. 44. n. 1.)

f) Im Zweifel über den Sinn und die Ausdehnung einer Dispens ist die strengere Interpretation anzuwenden, weil die Dispens-Vollmacht zwar, wie oben bemerkt, favorabel, die Dispens selbst aber als „vulnus legis" odios ist.

C. Zweifelsfälle bei bestehender objektiver Verpflichtung und ungewisser subjektiver.

1. Wenn die objektive Verpflichtung eines Gesetzes sicher, die subjektive aber ungewiss ist, wenn entschuldigende Ursachen probabiliter vorliegen, dann gilt der Grundsatz: Obligatio (subjectiva) dubia nulla.

2. Wenn es zweifelhaft ist, ob eine Handlung gesetzt oder eine Bedingung erfüllt sei, welche eine Verpflichtung bewirken, so ist sowohl in statu dubii als opinionis auf keine Verpflichtung zu erkennen.

3. Wenn es zweifelhaft ist, ob ein Gesetz erfüllt sei, so ist in statu dubii die Erfüllung zu wiederholen, in statu opinionis nicht.

§ 3. Zweifelsfälle über Eid und Gelübde.

A. Betreffs des Eides gilt:

1. Wenn jemand zweifelt, ob er einen Eid abgelegt, ist er sowohl in statu dubii als probabilitatis zu nichts verpflichtet. Denn es gilt der Satz: Factum non praesumitur.

Einige meinen, auch ein zweifelhafter Eid sei zu halten, weil „in dubio tutius est eligendum". Andere verpflichten zur Beobachtung eines ungewissen Eides, wenn es ohne grossen Nachteil geschehen kann.

Es ist aber klar, dass die Freiheit im Besitzstande ist, „quia tunc non proponitur illi (sc. dubitanti) ratio obligationis, ut se possit agnoscere obligatum, sicut si illo modo dubitat de lege vel praecepto superioris et facta diligentia non potest ferre judicium, quod tale praeceptum sit latum, non obligatur." (Suar. de rel. Tr. V. de juram. c. 33. n. 2.)

2. Zweifelt jemand, ob seine Worte eine wahre Eidesformel gewesen seien, oder ob er sich mit dieser zweifelhaften Formel habe verpflichten wollen, und kann nicht aus den näheren Umständen die Giltigkeit erschlossen werden, so ist die Verpflichtung, weil zweifelhaft, nichtig. „Probatur ex principio posito, quod in dubio mitior interpretatio est facienda, quando inducenda est tam gravis obligatio,

quanta est juramenti . . . Neque tunc omittitur pars tutior, quin haec est tutissima et practice certa et secundum rectam rationem et interpretationem potest dici tutior, quia majus periculum animarum incurreretur, si tot vincula in casibus dubiis inicerentur." (Suar. l. c. n. 3.)

3. Wenn die Giltigkeit der Eidesformel feststeht, aber gezweifelt wird, ob sie in der Absicht zu schwören oder nur heuchlerisch ausgesprochen worden sei, verpflichtet der Eid. Denn omne factum praesumitur rec tefactum. Die Verstellung wäre Sünde, muss erst bewiesen werden; denn „nemo praesumitur malus, nisi probetur". Suarez fügt (l. c. n. 4.) noch bei, auch die Gott gebührende Ehrfurcht verlange es, dass in diesem Falle an der Verpflichtung des Eides festgehalten werde.

4. Wenn die Erfüllung eines gewiss abgelegten Eides zweifelhaft ist, so ist in statu dubii der Eid noch einmal zu erfüllen. In statu opinionis, wenn die Erfüllung probabel ist, hört die Verpflichtung auf. „Quarto potest quis esse certus de juramento promissorio obligante et dubius, an illud impleverit. Et tunc extra controversiam est, illum teneri ad faciendum quod in se est, ut tollat dubium et saltem probabilem conscientiam formet, quod juramentum impleverit; si autem non potest expellere dubium, obligari ad implendum quod juravit." (Suarez l. c. n. 7.)

5. Im Zweifel, ob es erlaubt sei, das eidlich Versprochene zu erfüllen, ist dies soweit zu thun, als es erlaubt scheint und Geltung haben kann. „At vero si materia dubia adeo dubia est, ut in nullo sensu certum vel satis probabile sit juramentum posse licite impleri ac proinde obligare, tunc juramentum non obligat, quia non debet impleri cum periculo faciendi aliquid illicitum." (l. c. n. 8.) Suarez fügt aber an der angegebenen Stelle bei, dass hierüber die kirchliche Behörde anzugehen sei, weil sonst jeder leicht einen abgelegten Eid für zweifelhaft und sich selbst für entbunden von seiner Erfüllung halten könnte. (l. c. n. 9.)

B. Zweifelsfälle über das Gelübde.

1. Wenn jemand zweifelt, ob er ein Gelübde abgelegt hat, ist er in statu dubii und opinionis nicht gebunden. Die Freiheit ist im Besitzstande.

„Et quamvis l. 2. de matr. dixerim eum, qui non omnino dubitat, sed magis in eam partem inclinet, ut votum emiserit et sic suspicionem voti habet, teneri voto non integre, sed ad partem pro ratione majoris hujus propensionis, quia illa major judicii determinatio etiam cum formidine compensat sufficienter excessum possessionis, quem alter habet. Atque innixus fui simili doctrinae in materia justitiae ... At sicut in hoc cap. n. 9. dixi id esse probabile in materia justitiae, at probabilius esse ad nil teneri, ita etiam in hoc casu sentio hunc ad nullam voti partem teneri; ... quippe si hic opinetur se vovisse cum formidine partis oppositae, quam opinio in se claudit, ita tamen ut nullam oppositae partis probabilem opinionem concipiat (im Falle der unice probabilis = moraliter certa latiore sensu), tenebitur utique integre votum implere; si vero ita opinetur hanc partem, ut se quoque non vovisse probabiliter opinetur, quamvis hoc sit illi minus probabile, ad nullam voti partem tenebitur.“ (Sanchez in decal. l. 1. c. 10. n. 35.)

2. Ist jemand, der ein bedingtes Gelübde gemacht hat, zweifelhaft, ob die Bedingung verwirklicht sei, so ist er weder im status dubii noch probabilitatis gebunden.

3. Zweifelt man, ob der Wille zu geloben und sich zu verpflichten vorhanden gewesen sei, so ist an der verpflichtenden Kraft des Gelübdes festzuhalten, wenn die Worte ihrem Sinne nach ein Versprechen ausdrücken. Omne factum praesumitur recte factum.

4. Noch mehr ist an der Verbindlichkeit des Gelübdes festzuhalten, wenn es zweifelhaft ist, ob die Worte nur aus Verstellung und Heuchelei ausgesprochen worden seien. Es gelten hier dieselben Gründe, wie sie in der gleichen Frage bezüglich des Eides dargelegt wurden.

5. Eben dasselbe, was über den Eid gesagt wurde, gilt auch vom Gelübde, wenn es zweifelhaft ist, ob der Gegenstand erlaubt sei. Im praktischen Zweifel darf man nicht handeln. Der unbegründete Zweifel ist zu verachten. Ist die Unerlaubtheit probabel, wird von der zuständigen geistlichen Behörde Dispens zu erbitten sein.

6. Die zweifelhafte Erfüllung des Gelübdes genügt nicht, um die Verbindlichkeit desselben zu lösen, wohl aber die probable. Eine gewisse Verpflichtung ist mit der Probabilität der Nichtverpflichtung unvereinbar. „Si opinatur quis, etsi minus probabiliter, se implesse votum, non tenetur illo; secus si dubitet vel tantum se implesse suspicetur. Quia obligatio voti est certa et satisfactio dubia.“ (Sanch. in decal. l. 4. c. 1. n. 16.)

§ 4. Anwendung des Probabilismus für einzelne Stände und Fälle.

A. Der Beichtvater.

Solange eine probable Meinung für den Pönitenten steht, darf er zu dessen Gunsten die Entscheidung treffen. Ja der hl. Alphons bezeichnet es als sententia communis, dass er gehalten sei und zwar sub gravi, jenen zu absolvieren, der eine wahrhaft probable Meinung für sich hat. (Th. M. de consc. n. 84.) Er kann keine sichere Verpflichtung auferlegen, wenn dieselbe nicht als gewiss erwiesen ist.

Es ist immer die Regel zu beachten: „Erga te ipsum esto austerus, erga alios benignus." Zudem hat die Kirche selbst diese Milde an die Hand gegeben, wenn sie dem Beichtvater befiehlt, dem probabiliter disponierten Pönitenten die Lossprechung zu erteilen. „Si audita confessione judicaverit (sc. confessarius) neque in enumerandis peccatis diligentiam neque in detestandis dolorem poenitenti omnino defuisse, absolvi poterit." (Cat. Rom. p. II. c. 5. q. 60.)

Freilich ist der Beichtvater Richter, aber er ist auch Arzt, der die Wunden der Seele zu untersuchen, die geeigneten Heilmittel anzugeben hat. Er ist väterlicher Freund und der Stellvertreter jenes Gottes, der nicht bloss die unendliche Gerechtigkeit und lauterste Heiligkeit, sondern auch die Güte, Langmut und Barmherzigkeit selbst ist.

„Melius excusamur apud Dominum propter multam misericordiam quam propter nimiam severitatem." (Opusc. 65. § 4.)

Es ist klar, dass der Beichtvater darauf zu sehen hat, dass sein Rat und seine Entscheidung nicht das Recht eines Dritten verletzt oder zur formellen Sünde führt. Wo es sich um eine sicher zu leistende Restitution, um Wiederherstellung eines zweifellos zugefügten Schadens handelt, hat er die sichere oder doch die wahrscheinlichere Meinung zu wählen, wenn eine gewisse nicht besteht oder nicht zur Anwendung kommen kann.

Auch dies hat der Beichtvater zu beachten, dass manchmal eine Meinung spekulativ probabel ist, aber in praxi unwahrscheinlich und unerlaubt erscheint. (Vgl. II. § 2. n. III.)

„Ubi agitur de removendis a periculo peccati formalis, confessarius debet generatim loquendo et inquantum christiana prudentia suggerit, benignis opinionibus uti; ubi vero opiniones benignae proximius reddunt periculum formalis peccati, prout sunt nonnullae auctorum opiniones v. g. quoad vitandas occasiones proximas et aliae id genus, tunc semper expedit, ut confessarius utatur, imo dico, quod ipse ut medicus animarum teneatur uti opinionibus tutioribus, quae poenitentes ad se servandos in statu gratiae conducunt.“ (S. Alph. Th. M. de consc. n. 84.)

Besonders wichtig ist es, da keine Todsünde zu finden, wo nicht gewiss eine ist. Dieselbe ist etwas so Verhängnisvolles, da sie den Untergang der Gnadenwelt in uns bedeutet, das Band durchschneidet, das uns mit unserem Ziele verbindet und ewiger Strafe uns schuldig macht, dass es verwegen wäre, wollte jemand eine schwere Sünde da sehen, wo sicher keine oder nicht sicher eine gegeben ist.

„Cavenda est conscientia nimis larga et nimis stricta; nam prima generat praesumptionem, secunda desperationem; prima saepe salvat damnandum, secunda contra damnat salvandum.“ (S. Bonaventura, Comp. theol. ver. l. 2. c. 32. n. 5.)

Es ist den Pönitenten nicht verwehrt, da es in einer und derselben Sache mehrere wahrhaft probable Meinungen geben kann, verschiedene Lehrer zu beraten, bis sie einen finden, der ihrer Meinung günstig ist, vorausgesetzt, dass dieser die notwendigen Eigenschaften der Wissenschaft, Erfahrung und Frömmigkeit besitzt und sein Urteil auf stichhaltige Motive und die Aussprüche bewährter Autoren gründet.

In gleicher Weise soll sich der Beichtvater orientieren, ob es nicht wahrhaft probable Meinungen gibt, welche ihn nötigen, seine strengeren Ansichten aufzugeben.

B. Der Ausspender der übrigen hl. Sakramente.

Wir haben schon verschiedentlich bemerkt, dass das Validum in die tutioristische Sphäre gehört, und dass diese Fälle durchaus nicht als Ausnahmen des Probabilismus zu betrachten, sondern ganz selbstständig zu behandeln sind. Da es sich nun bei Ausspendung der hl. Sakramente um die Giltigkeit handelt, so kann hier nicht die probable Meinung mit Hintansetzung der sicheren gewählt werden. Innocenz XI. verurteilte am 2. März 1679 den Satz: „Non est illicitum in sacramentis conferendis sequi opinionem probabilem de valore sacramenti relicta tutiori, nisi id vetet lex, conventio aut periculum gravis damni incurrendi.“

Die angegebene Beschränkung der Proposition durch ihren Urheber ist ganz bedeutungslos, da stets eine lex ecclesiastica oder vielmehr divina, stets die stillschweigende conventio zwischen Ausspender und Empfänger, stets auch das periculum gravis damni gegeben ist.

Vor der Verurteilung des genannten Satzes hatte auch Vasquez (1. 2. disp. 63. § 3.) gelehrt, es sei niemals ein Sakrileg, mit bloss probabler Meinung über die Giltigkeit ein Sakrament zu spenden, weil dies ja auch im Notfalle gestattet sei. — In gleicher Weise hatte Sanchez (in decal. l. 1. c. 9. n. 39. sq.) es für probabel erklärt, dass es erlaubt sei, bei Ausspendung der Sakramente die weniger wahrscheinliche Meinung zu gebrauchen, jedoch unter der Beschränkung, „ne sit contra communem usum Ecclesiae neve deroget minus tuta caritati et misericordiae.“

Jedoch schon der Jesuit Laymann hatte diese Meinungen angegriffen, weil sie falsch und gefährlich seien. (Vgl. auch Lugo, de fide disp. V. sect. 1. n. 16.: „In aliquibus materiis . . debemus tutiorem partem eligere, ut in materia et forma baptismi et similibus.“)

Die Regel lautet also: Bei Ausspendung der Sakramente ist unbedingt die sichere Meinung zu wählen, wie dies die Heiligkeit der Sakramente und das Heil der Seelen verlangt.

Doch erleidet sie zwei Ausnahmen: einmal „si urget necessitas“ und „si supplet Ecclesia.“ Es ist klar, dass, wenn die Not drängt, der Satz zu beachten ist: „Sacramenta sunt propter homines.“ Einem Sterbenden, der bewusstlos daliegt, hat der Priester die letzte Ölung zu spenden. Denn hier genügt die interpretative Intention. Von jedem Katholiken aber, der im Verein mit der Kirche geblieben ist, muss angenommen werden, dass er den Willen hatte, in der Todesstunde die Sakramente der Kirche zu empfangen. Eben demselben hat der Priester bedingungsweise die Absolution zu erteilen. Der hl. Alphons dehnt dies sogar auf jenen aus, der in ipso actu peccati bewusstlos geworden. (Vgl. s. Alph. l. 6. n. 482. Lehmkuhl II. p. 359.)

Es handelt sich um das ewige Heil des Menschen und „in extremis extrema sunt tentanda.“ So muss man auch im Notfalle zur Taufe eine probable oder zweifelhafte Materie nehmen, wenn die sichere fehlt.

Die zweite Ausnahme hat dort statt, wo die Kirche suppliert, d. h. „jurisdictionem extraordinarie propter bonum commune in ipso actu suppeditat“. (Less. de just. et jure l. 2. c. 29. n. 68.) Dies wird als moralisch gewiss angenommen bei dem Sakrament der Busse, wenn dieses mit probabler (probabilitate juris Lehmkuhl II. p. 387.) Jurisdiktion verwaltet wird und bei dem Sakrament der Ehe, wenn es zweifelhaft ist, ob in dem Falle ein impedimentum juris ecclesiastici vorliegt. Hier nimmt man an, dass die Kirche die Gewalt des Hindernisses, wenn es thatsächlich besteht, aufhebe und so die Kontrahenten befähige, den zur Giltigkeit des Sakramentes erforderlichen Konsens abzugeben. (Vgl. s. Alph. Th. M. de consc. n. 50.) — Wenn der Zweifel sich erhebt, ob ein Sakrament giltig gespendet sei, ist vor allem darauf zu sehen, ob derselbe nicht ein blosser Skrupel sei. Ist er begründet, so ist die Wiederholung erlaubt, ja sogar notwendig, wenn der Empfänger in die Gefahr eines schweren Schadens gebracht würde. Bei dem Zweifel über die Giltigkeit der Ehe ist solange für dieselbe einzustehen, bis das Gegenteil bewiesen ist.

Im Zweifel über die Giltigkeit einer von Nichtkatholiken gespendeten Taufe ist in Anbetracht der heutigen Zeitverhältnisse fast immer gegen dieselbe zu präsumieren.

Was von der Spendung der Sakramente gesagt wurde, gilt bis zu einem gewissen Grad auch für den Empfang derselben. (Vgl. s. Alph. Th. M. de consc. n. 51.)

Nur muss hier wie dort beigefügt werden, dass die Forderung der Sicherheit nicht so hoch geschraubt werden darf, dass Skrupulosität dadurch erzeugt würde.

Man kann nicht verlangen, dass der Priester selbst die Hostien bereitet, die Trauben mit eigener Hand ausdrückt. Man kann keine absolute Sicherheit für die Disposition fordern. Es genügt hier die moralische Gewissheit und Überzeugung.

C. Der Arzt.

Arzt und Chirurg haben auf Grund ihres Amtes die Pflicht der Liebe und auf Grund des stillschweigend zwischen ihnen und dem Patienten eingegangenen Kontraktes die Pflicht der Gerechtigkeit, das Sichere zu wählen, und wo nicht völlige Sicherheit erreichbar ist, das Wahrscheinlichere vorzuziehen.

Die vorzüglichsten Regeln geben wir in folgenden Sätzen nach dem hl. Alphons (Th. M. de consc. n. 46.):

1. Wenn das Heilmittel bloss probable Wirkungskraft hat, kann und muss der Arzt es anwenden, wenn das sichere fehlt.

2. Um ein blosses Experiment zu machen, darf er nicht ein Heilmittel anwenden, über dessen Nutzen oder Schädlichkeit er begründete Zweifel hat, es sei denn, dass der Patient seine Zustimmung gibt und die Gefahr, welche zu befürchten wäre, nicht gross ist.

3. Der Arzt kann und muss ein Heilmittel anwenden, dessen Nutzen zweifelhaft ist, von dessen Unschädlichkeit er jedoch überzeugt ist.

4. Wenn er zweifelt, ob das Mittel nützt oder schadet und der Zustand des Kranken so verzweifelt ist, dass er moralisch gewiss stirbt, wenn nicht dieses Mittel noch an ihm versucht wird, so darf er es anwenden; es ist ja möglich, dass es dem Patienten nützt, und dessen Einverständnis muss präsumiert werden.

D. Der Richter.

(Vgl. Ballerini, Op. theol. IV. p. 418. s.)

Im Strafprozess hat der Richter den Satz zu beachten: „Favendum est reo, donec malus probetur", mag es sich um ein dubium juris, um Auslegung und Anwendung eines Gesetzes, um das Mass der Strafe handeln oder ein dubium facti vorliegen, ob der Angeklagte die That begangen, welche ihm zur Last gelegt wird.

Trotzdem kann er, wenn die Indicien bedeutend sind und mit Grund von seiten des Angeklagten für das Gemeinwohl Gefahr zu befürchten steht, wenn dieser unbestraft entlassen würde, demselben eine mildere Strafe auferlegen, wenn auch seine Schuld nicht moralisch gewiss und bewiesen ist. (Lugo disp. 37. n. 142. 143.)

Für den Civilprozess gilt: Ist der Beklagte unter einem gerechten Titel im Besitz der strittigen Sache (im weitesten Sinne verstanden), so kann der Richter ihn nicht aus dem Besitze verdrängen, wenn nicht gewisse Gründe gegen ihn vorliegen. Melior est conditio possidentis. Der thatsächliche Besitz bietet hier eine Präsumption, welche nur durch Gewissheit gebrochen wird.

Ist keine der beiden Parteien im friedlichen Besitz und sind ihre Gründe ungleich, so ist zu unterscheiden. Wenn das Übergewicht der Gründe auf der einen Seite so stark wäre, dass eine moralische Gewissheit dadurch erzeugt würde, müsste der Richter dieser Partei die strittige Sache übergeben. Haben dagegen beide wahrhaft probable Gründe für ihr Eigentumsrecht, mögen auch die der einen Partei gewichtiger sein, so handelt der Richter nicht ungerecht, wenn er die Sache pro rata probabilitatis teilt, oder wenn dies unmöglich ist, der einen Seite Kompensation zuerkennt. Man könnte dagegen die Verurteilung der Proposition vorbringen: „Probabiliter existimo judicem posse judicare juxta sententiam etiam minus probabilem."

Doch folgt daraus nur, dass der Richter die strittige Sache nicht der Partei zuerkennen darf, welche die minus probabilis für sich hat; aber nicht, dass er sie jener überweisen müsse, für welche die probabilior steht.

Die Verurteilung der genannten Proposition, welche nach dem hl. Alphons (l. 4. n. 210.) nur vom eigentlichen Richterspruch, der sententia judicialis, zu verstehen ist, macht es dem Richter nicht unmöglich oder unerlaubt, der minus probabilis zu folgen in zwei Fällen: einmal wenn sie ihm zwar selbst als minus probabilis erscheint, vom höheren Gerichtshof aber, an welchen appelliert werden kann, als probabilior angesehen wird; denn so ist die Meinung extrinsece probabilior und wird im Falle der Appellation siegen; ferner, wenn aus der Befolgung der probabilior Ärgernis oder Schaden für das Gemeinwohl zu befürchten ist; beide Meinungen sind wahrhaft probabel und das bonum publicum geht dem bonum privatum vor. (Lug. disp. 37. n. 117)

Ist keine der beiden Parteien im friedlichen Besitz und sind ihre Rechte gleich oder fast gleich probabel und ist ein friedlicher Ausgleich nicht möglich, so hat der Richter die Meinungen anderer Gerichtshöfe zu erforschen. Wenn dies aber resultatlos ist, so kann er die Sache teilen bezw. Kompensation auferlegen. Er begeht aber auch keine Ungerechtigkeit, wenn er sie einer der Parteien zuspricht, wobei die causae piae, matrimonii, dotis, viduae, pupilli etc. (s. Alph. l. 4. n. 410.) ex favore juris den Vorzug haben.

Auf die Schwierigkeit, bei Befolgung der letzteren Ansicht setze sich der Richter der Gefahr aus, demjenigen, der Recht hat, Unrecht zu thun, antwortet Lugo (disp. 37. n. 114. 115.): In der entgegenstehenden Meinung ist diese Gefahr noch grösser, denn bei der Teilung wird derjenige, welcher Recht hat, sicher und immer der Hälfte dessen beraubt, was ihm von Rechtswegen gehört. Hier aber ist der Nachteil zwar grösser, aber doch ungewiss.

Der Advokat darf eine Sache zur Verteidigung übernehmen, die bloss wahrscheinliche Gründe für sich hat, mögen auch die Gegengründe stärker sein. Denn das Recht beider Parteien ist ungewiss und beiden steht es zu, ihre Sache vor Gericht zu bringen. Im Zweifel, ob die zu verteidigende Sache gerecht ist oder nicht, darf er sie übernehmen, wenn sie probable Gründe für sich hat.

Im Anschluss hieran ist noch eine Bemerkung über die Gerechtigkeit zu machen. Die commutative oder strenge Gerechtigkeit gründet sich auf die aequalitas rei ad rem. Wo es sich um eine sichere Leistung handelt, kann die bloss wahrscheinliche Gegenleistung nicht als genügend angesehen werden.

Zweifelt jemand, ob er seine Schulden bezahlt habe, der Gläubiger aber, der sonst ehrlich ist, behauptet, er habe nichts erhalten, so genügt keine probable Meinung, ihn von seiner Verpflichtung zu befreien. Wenn beide im Zweifel sind, ist der Schuldner nach einigen zur Zahlung der ganzen Summe, nach anderen aber nur zur Zahlung eines Teiles pro rata dubii verpflichtet und diese letztere Meinung ist die wahrscheinlichere. (S. Alph. Th. M. de consc. n. 34.) Liegt aber der Fall so, dass der Gläubiger keine begründete Meinung für die Nichtbezahlung, der Schuldner aber eine wahrhaft probable für die Zahlung hat, so ist pro foro interno zu nichts zu verpflichten (unice probabilis = moraliter certa lato sensu). Gewöhnlich werden diese Fälle in foro externo ausgetragen.

Schluss.

Im Laufe unserer Untersuchung haben wir den Probabilismus als ein System erkannt, welches durch innere Wahrheit und Konsequenz wie durch seine praktische Verwertung nicht bloss den Vorzug vor allen andern verdient, sondern in seiner Sphäre allein berechtigt ist. Zwei Systeme sind es also, welche in der Moral ihr Recht geltend machen können, als Richtschnur in den Zweifeln zu dienen: der Tutiorismus im Bereiche des Validum, wo ein sicherer Zweck zu erreichen ist, und der Probabilismus, welcher seine Herrschaft da behauptet, wo der Zweifel auf die Erlaubtheit einer Handlung sich bezieht.

Wir schliessen mit den Worten Simars (Lehrbuch der Moralth. S. 144), in denen wir uns nur statt „Aequiprobabilismus" Probabilismus (in seinem wahren Sinne verstanden) einzusetzen gestatten:

„Man würde sehr irren, wenn man die Theorie des Probabilismus zum leitenden Grundsatz des christlichen Lebens erheben wollte. Nichts lag auch der Absicht des hl. Alphons ferner als dieses. Nichts würde dem Geist des Christentums so sehr widersprechen, als wenn die Gläubigen stets mit Sorgfalt abmessen wollten, wie weit das Gebiet der Pflichten reiche, um jede darüber hinausliegende Tugendübung ruhig ausser Acht zu lassen. Nicht einen sklavischen oder gar äusserlichen Gesetzesdienst verlangt Christus von den Seinigen; er will, dass sie aus freier Liebe ihm und seinem Gesetz anhangen. Dennoch vergisst die Kirche nicht, dass es ihr Beruf sei, wie die Menschheit im Ganzen, so auch den Einzelnen für Christus zu erziehen, ihn von Stufe zu Stufe zu immer vollkommenerer Gleichförmigkeit mit Christo zu erheben (Eph. 4, 11.), und die Kirche weiss, dass es hierbei sehr oft notwendig ist, die allerniedrigsten Forderungen zu stellen an solche, die noch erst gewonnen werden sollen für das Gnadenleben in Christo, oder die als Anfänger und Unmündige noch nicht für „stärkere Nahrung“ empfänglich sind. (1. Cor. 3, 1. 2. Hebr. 5, 12.) Also nicht als leitendes Grundprincip des christlichen Lebens überhaupt, sondern vorzüglich nur als eine in der Seelsorge nach Umständen nützliche und notwendige Erziehungsmaxime, namentlich als eine Richtschnur für solche Fälle, wo der Beichtvater mit Bestimmtheit über zweifelhafte rechtliche oder sonstige legale Verpflichtungen der Büsser entscheiden soll, ist der Probabilismus anzusehen.

Die Befolgung der strengeren Grundsätze verwirft er nicht schlechthin; aber er will, dass sie nur in der Form des Rates, nicht als allgemein verbindliche Gesetze geltend gemacht werden.

Diese Grundsätze finden sich thatsächlich bewahrheitet in dem Leben des hl. Alphons. Möglichst milde in der Leitung anderer, wandelte er selbst die Wege der evangelischen Vollkommenheit und der strengsten Selbstverleugnung. Beherzigenswert für jeden zur Seelsorge Berufenen ist folgendes Selbstbekenntnis des Heiligen: So lange meine jetzige Überzeugung feststeht, werde ich zwar für meine Person mit Gottes Gnade mich bemühen, den Weg der grösseren Vollkommenheit zu wandeln; alle Menschen jedoch verpflichten wollen, sich der Befolgung jeder der Freiheit günstigen Meinung, welche nicht moralisch gewiss ist, zu enthalten und ihnen widrigenfalls die sakramentale Lossprechung zu versagen — das, glaube ich, kann mit gutem Gewissen nicht geschehen, solange die Kirche keine Erklärung darüber abgibt.“ —

Berichtigungen und Nachträge.

S. 11, Z. 2 v. u. lies „fordern“ statt „forernd“.
S. 23, Z. 14 v. o. lies „lato“ statt „lata“.
S. 32, Z. 19 v. u. lies „consona“ statt „cos.“
S. 33, Z. 3 v. u. lies „für sich hat“ statt „für hat“.
S. 37, Z. 3 v. o. lies „verletze“ statt „verletzte“.
S. 43, Z. 10 v. o. ist folgendes Argument für die Priorität der Freiheit anzufügen: Der menschliche Wille hat, wie die Anlage, alles Gute zu erstreben, so auch *radicaliter* das Recht auf alles, was ihm als Gut entgegentritt. Dieses Recht ist nur dann beschränkt, wenn die Wahl eines Gutes eine höhere Ordnung verletzt und diese Verletzung erkannt ist. Vgl. auch Staatslexikon 2. 992 sq.
S. 47, Z. 1 v. u. lies „die“ statt „dei“.
S. 65, Anmerkung, Z. 1 v. o. lies „[illegible]abiliora“ statt „Probabiliorla“.
S. 82, Z. 16 v. o. lies „continetur“ [illegible] „const.“
S. 103, Z. 8 v. u. lies „wahrscheinlichere“ statt wahrscheinliche“.
S. 108, Z. 4 u. 5 umzustellen.
S. 11[illegible] n. 3 ist nach „Zweifelt man“ einzuschalten „ohne genügenden Grund“. Die gleiche Supposition gilt für n. 4.

www.ingramcontent.com/pod-product-compliance
Lightning Source LLC
LaVergne TN
LVHW091003080826
845145LV00003B/1112

* 9 7 8 3 9 4 2 3 8 2 0 0 7 *